KB273974

추천사

디지털 문명의 발전 속에서 스마트폰과 사이버 공간이 삶 속 필수 요소가 되었다. 하지만 편리함 이면에는 중독이라는 심각한 문제가 자리하고 있다. 스마트폰과 사이버 중독은 개인의 일상뿐만 아니라 정신적-영적 건강까지 위협하며 신앙 공동체에도 큰 문제와 갈등을 일으키는 요인이 된다. 『중독탈출』은 이러한 시대적 문제를 신학적 통찰과 목회적 대안을 통해 조명한다. 본서는 스마트폰과 멀티태스킹 중독의 체계적 원인을 분석하고, 실천 신학적 접근을 바탕으로 회복과 치유의 길을 모색한다. 단순한 이론적 논의를 넘어 신앙적 관점에서 중독문제를 어떻게 이해하고 해결할 수 있는지를 탐구하며 목회적 실천 방안을 제시한다. 이 책은 중독문제로 고민하는 신자들뿐만 아니라 목회자와 상담가,

그리고 기독교적 관점에서 중독문제를 연구하는 학자들에게도 유익하다. 단순한 중독 예방을 넘어 신앙과 삶을 통합적으로 회복하는 방향을 제시하며, 오늘날 우리 사회가 직면한 중독문제에 대한 중요한 대안을 제공한다. 스마트폰과 사이버 세계에 지배당하지 않고 온전한 자유와 회복을 찾고자 하는 모든 이들에게 『중독탈출』을 적극 추천한다.

• 고유식 (호서대학교 연합신학대학원 목회상담학 교수)

바야흐로 우리는 중독이 범람하는 시대를 살고 있다. 중독은 인류역사와 함께 하는 오랜 문제이지만, 산업화와 도시화로 인한 사회문제 속으로 중독은 깊이 스며들고 있다. 우리가 흔히 아는 알코올 중독, 마약 중독, 약물 중독, 니코틴 중독, 쇼핑 중독, 성 중독 등 다양한 중독이 개인의 삶뿐 아니라, 가족과 사회를 좀먹고 있다. 그런데 인공지능(AI), 사물인터넷(IoT), 빅데이터(Big Data), 로봇공학과 무인 운송수단의 발전, 3D 프린팅 등으로 대변되는 차세대산업혁명인 제4차산업혁명과 코로나-19 팬데믹 이후 사회적 변화가 맞물리면서 중독 현상이 더욱 심화(深化)되고 있다. 이러한 시대에 "중독탈출"은 중독이라는 사회적 이슈를 이해하고 해결책

을 모색하는데, 중요한 지혜를 우리에게 주고 있다. 본
서는 중독에 대한 사회심리적 이해, 신학적 이해를 다
루면서, 코로나 팬데믹 이후에 청소년을 중심으로 더욱
심각해지는 제4차산업혁명의 어두운 그림자인 사이버
중독, 스마트폰 중독, 멀티태스킹중독에 대한 이해와
실천신학적 해결 방안과 앞으로의 연구과제를 제시하
는 지혜서로서 중독에 관심이 있는 모든 이들에게 일독
(一讀)을 권한다.

• **김상백** (순복음대학원대학교 실천신학 교수,
전 한국실천신학회 회장 & 이사장)

『중독 탈출』은 목회적 관점에서 목회자와 성도들을
중독으로부터 벗어날 수 있도록 돕는 책으로 모든 목회
자와 평신도 지도자들에게 권한다. 중독은 많은 사람들
의 삶을 망가뜨렸거나 힘들게 한다. 술, 도박, 담배, 마
약 뿐 아니라 다양한 것들에 사람들은 중독되고, 기독
교인이라고 해서 예외는 아니다. 특별히 온라인 매체
에 대한 중독은 그 역사가 짧지만 넓게 퍼져있고 뿌리
도 깊다. 남녀노소 할 것 없이 온라인 매체에 빠져서 헤
어나오지를 못 하는데, 이것이 바로 중독이다. 『중독 탈
출』은 목회자와 성도들에게 사이버 중독, 스마트폰 중

독의 실체가 무엇인지를 알리고 성경적으로 어떻게 대처할지를 가르친다. 사이버 세상이 빠르게 실재 세계로 변하고 있는 이 시대에 이 책은 너무나도 적절한 주제를 다루고 있다. 『중독 탈출』을 모든 목회자와 평신도 지도자들에게 권한다.

• **김한성** (아신대학교 선교학 교수, ACTS 신학저널 편집위원장)

중독의 문제가 한국뿐 아니라 세계적으로 심각한 논의를 불러일으키고 있다. 시대가 바뀌고 새로운 세대의 등장에 따라 중독의 형태과 모양도 다양해지는 양상이다. 본 저작물이 다루는 중독의 문제는 새로운 세대가 경험하고 있는 다른 형태의 것이다. 새로운 문제를 다루는 데 있어 중요한 것은 예방과 통합적 접근이라고 생각한다. 문제 발생 후 해결은 그 시간과 비용적 측면에서 예방적 차원의 접근에 비해 훨씬 비효율적이다. 이보다 더 중요한 것은 그 문제에 대한 통합적 접근이라고 생각한다. 원인에 대한 다양한 시각에서 진단을 말한다. 이 책의 장점은 현세대가 경험하고 있는 중독문제에 대한 예방적 차원, 특별히 그 원인에 대한 다각적 시각을 제시하고 있다고 본다. 덧붙여, 일반적 영역뿐 아니라 신학적 관점에서 문제를 진단하고 해결책

을 논의한다. 현대 중독문제에 관한 예방적 차원, 정확
한 진단, 균형 잡힌 시각을 원한다면 이 책이 좋은 선택
이 될 수 있다고 본다.

• **김해영** (강서대학교 실천신학 교수)

　　현대 사회를 병들게 하는 4대 중독은 바로 마약 또는
약물, 도박, 알코올, 스마트폰과 인터넷 게임 중독이다.
이와 관련된 중독 사례들은 우리들의 가까운 가족, 이
웃, 교회 공동체 안에서도 점점 그 수가 증가하고 있다.
이 중에서도 특히 현대인이 경험하고 있는 사이버, 스
마트폰, 멀티태스킹 중독은 코로나 이후 개인화된 사
회에서 더 심각해지고 있다. 그렇기에 중독탈출이라는
본 저서는 매우 시의적절한 중독치유 서적임에 틀림이
없다. 특히 저자들은 실천신학을 강단과 교회, 선교 현
장에서 오랫동안 연구하고 적용하신 훌륭한 박사님들
로서, 사이버 중독, 스마트폰 중독, 멀티태스킹 중독 예
방과 회복을 위한 목회적 방안과 실천 신학적 접근들에
먼저 연구해 주셨음을 동료 실천 신학자로서 깊은 감사
를 드린다. 특히 각 중독에 대한 이해, 원인, 예방, 회복
을 위한 방안을 제시해 준 점은 독자들에게 중독을 올
바로 알고 바로 대처할 수 있도록 인도해주는 탁월한

길잡이가 되어 줄 것이기에 강력히 추천하는 바이다.
　　•**박은정** (웨스트민스터신학대학원대학교 상담심리학 교수,
한국실천신학회 회장)

　이 책은 중독의 시대 목회 현장에서 발생하는 사이버 중독, 스마트폰 중독, 멀티태스킹 중독을 다양한 차원에서 그 대안을 모색한 연구이다. 중독에 대한 개념과 예방에 대한 설명뿐만 아니라, 중독이 어떻게 발생하고 중독에서 벗어날 수 있는지 제안한다. 특히, 실천신학적 차원에서 교회의 본질적 기능 5가지(예배~디아코니애)를 중심으로 사이버 중독에 대한 방안, 목회적 차원에서 스마트폰 중독 원인에 따른 대응 방안, 지역사회 연대를 포함한 5가지 차원에서 멀티태스킹 중독 예방과 극복 방법을 제시한다. 미시적·거시적 관점에서 실제적인 대응 방안을 제시한 이 책은 중독에서 탈출하고 싶은 크리스천이나 중독 탈출을 돕고자 하는 사역자에게 추천한다. 또한, 국내외 선교 현장에서 중독 예방과 치유 사역에 헌신하는 선교사에게 이 책을 추천한다.
　　•**박진경** (감리교신학대학교 기독교교육학 교수)

　중독은 일반적으로 물질에 의한 중독과 비물질에 의

한 중독으로 크게 나뉘는데, 물질에 의한 중독은 대부분의 사람들이 물질의 위험성을 실제적으로 인지하면서 중독에 빠지지 않기 위해서 의도적으로 물질을 기피하는 자세를 취하게 된다. 하지만 비물질에 의한 중독은 문제의 원인을 올바르게 인식하지도 못할뿐더러 이로 인해 유발되는 중독현상도 감지하지 못하는 경우가 많아 이를 해결하려는 체계적인 시도조차도 하지 못하는 형편이다. 이를 극복하기 위하여 본서는 사이버와 스마트폰 그리고 멀티태스킹을 중심으로 중독에 대한 이해와 원인 그리고 목회적 대안을 제시하고 있다. 특별히 비물질에 발생하는 중독의 문제점들을 구체적으로 나열함으로써 우리가 직면하고 있는 중독의 위험성을 객관적으로 인식하는데 도움을 주고, 더 나아가 균형잡힌 교회사역을 통해 중독의 문제를 해결하고자 하는 실천신학적 대안을 제시하고 있다. 따라서 중독의 문제로 시달리는 교인들과 목회자들에게 복음 안에서 중독을 극복할 수 있는 좋은 안내서가 될 것이다.

• **이종민** (총신대학교 기독교교육학 교수)

오늘날 교회는 기술문명을 경계하면서도 늘 재빨리 기술을 활용한 목회와 전도 방안에 급급했다. 성급한 '

어얼리 어답터'(Early Adopter) 교회에게 본서는 기술을 대하는 올바른 기독교적 시각을 성서적으로 또한 목회적으로 일러주는 시의적절한 책이다. 특히 사이버, 스마트폰, 미디어 멀티테스킹이란 세 주제는 오늘날의 기술 혁신과 현대인들의 일상생활에 가장 큰 영향을 준다. 이 세 문명적 도움 없이 우리가 현실을 살아낼 수 있을까? 그럼에도 우리가 이 세 기술 혜택의 부작용을 곳곳에서 목도하게 된다. 그 핵심에 중독이 있다. 실천 신학자인 두 저자는 기술문명이 현대인들에 미치는 영향을 분석하며, 교회가 어떻게 심각한 병리적 현상을 극복할 수 있을지, 또한 어떻게 이를 적절히 활용하여야 하는지 세심하게 일러준다. 핵심은 기술의 변화가 기독교의 미래에 줄 영향을 염려하는 것을 넘어 기술문명의 적절한 활용법을 제시해 준다는 것이다. 이 시대 목회자들과 성도들에게 시급하게 일독을 권한다.

• **윤영훈** (성결대학교 문화선교학과 교수, 신학대학원 원장)

중독은 매우 현대적 개념이다. 비록 그 속성이 인류 역사 초기부터 다양한 형태로 분출됐더라도, 인간 의식과 학문적 접근의 중심에 자리 잡은 시기는 비교적 최근 현상이기 때문이다. 그런 이유로 중독에 관한 신학적 분석과 대안 제시는 상대적으로 희소한 분야에 속한다. 심리학과 상담 분야의 전문가들이 집중적 관심을 보인 반면, 신학계는 지엽적인 반응 수준에 머물렀다. 이와 같은 현실에서 저자는 다양한 매개를 입체적으로 서술하는 방식을 통해 중독이라는 주제를 기독교 실천신학의 한가운데로 유도한다. 그리고 단지 현상을 기술하는 평면적 차원에 만족하지 않고, 실제적 대안을 신학적으로 제시하기 위한 적극적 노력을 기울인다. 실천신학 연구자가 지니는 가장 큰 부담이 검증과 분석 너머의 실천적 전략을 고민할 당위성임을 고려하면, 저자의 고뇌와 결실이 지니는 무게감에 충분한 찬사를 보낼 수 있다. 물론 저술의 내용이 중독에 대한 모든 요소를 포함하지는 않는다. 그러나 더 많은 연구를 심층적으로 진행할 동기를 부여한다는 측면에서 저자의 학술 열매가 지니는 효과는 매우 크고 넓고 깊다.

• 조성호 (서울신학대학교 영성과 리더십 교수)

본서는 MZ 세대와 알파 세대를 아우르는 오늘날의 젊은이들뿐만 아니라 죄성을 지닌 인간이 쉽게 빠질 수 있는 사이버 중독, 스마트폰 중독, 멀티태스킹 중독 등 현대적 중독의 원인과 현상을 간결하게 정리한다. 인간의 죄성은 하나님을 향한 시선을 비틀어 순간적인 쾌락에 집착하는 근시안적 행태, 즉 중독을 만들어내는데, 그렇다면 중독의 원인과 이에 대한 대안으로서 예방과 회복을 위한 방안은 결국 하나님의 말씀을 통해 하나님의 뜻을 점검하는 것으로 귀결될 것이다. 하지만 본서는 오늘을 사는 그리스도인들에게 단순히 하나님 말씀을 향해 눈을 돌리라고 권면하는 것이 아니라 중독의 개념과 문제에 대한 점검, 5대 교육목회 커리큘럼을 통한 조명, 중독의 원인별 대응안 제시, 다양한 목회적 방안 등을 통해 짜임새 있게 제시하고 있다. 짧은 분량의 책이지만 현대인이 마주하는 대표적인 중독 현상에 대한 혜안을 제시하는 본서의 일독을 추천한다.

• 최성훈 (한세대학교 실천신학 교수, 영산글로벌신학연구소 소장)

이 책은 사이버 중독, 스마트폰 중독, 멀티태스킹 중독을 포함한 '중독'에 대한 학문적 정의와 이해, 원인, 목회적, 실천 신학적 대안 혹은 해결책을 제시한다. 이 책은 짧은 세 편의 글을 통해 오늘의 중독에 빠진 현대인들의 모습을 진지하게 숙고하고 이에 대한 해법을 실천 신학자들의 시선으로 모색하고 있다. 군데군데 표시를 해두고 무릎을 탁! 치면서 읽었다. 저는 이 책을 신학자, 목회자, 신학생, 특히 초, 중, 고등학교에 재학 중인 자녀를 양육하는 학부모님들이 일독하시기를 꼭 추천한다.

• **홍승만** (서울기독대학교 선교학 교수, 한국선교신학회 서기)

신학자, 목회자, 신학생, 특히 초, 중, 고등학교에 재학 중인 자녀를 양육하는 학부모님들이 일독하시기를 꼭 추천한다.

중독 탈출

중독 탈출

중독과 실천신학

중독 탈출

이수환 민장배 지음

드림북

서문

코로나19 이후, 사람들은 비자발적으로 사회생활에서 거리를 통해 혼자 일하고, 혼자 놀아야 하는 상황에 직면했다. 이런 환경으로 현대인들은 마음의 고통을 호소하고 있다. 이를 극복하기 위해 현대인들은 사이버 공간에서 모바일 기반으로 게임이나 SNS 등의 유희적 IT의 도움을 받아 감정적 안정을 얻고자 한다. 그 결과 인간의 시간과 영혼을 잠식하며 사이버 과사용으로 중독에 내몰리고 있다. 교회 또한 개교회주의와 지나친 양적 성장 추구로 인해 사이버 중독에 대한 교회의 역할에 대해 무관심했던 것으로 여겨진다.

본서 1장에서는 급격한 기술의 변화 속에 사이버 중독에 대한 성경적, 신학적, 일반적 이해를 고찰할 것이다. 고찰한 이론적 배경을 근거로 사이버 중독의 심각성을 제시할 것이다. 중독은 우울, 불안, 적대감과 공격성, ADHD, 성격장애, 기타 질환과 깊은 상관관계가 있다. 특히 이러한 문제는 자살까지 이어질 수 있기에 심각하다고 할 수 있다. 코로나19로 인해 교회도 사이버 공간을 이론의 여지가 없이 활용하는 상황에서 중독에 대한 실천 신학적 접근을 하고자 한다. 구체적인 접근 방법은 교회의 본질적 5개 기능인 예배, 교육, 코이노니아, 복음 전파, 디아코니아를 중심으로 전개할 것이다. 예배에서는 세대별 예배보다 통합 예배를 원칙으로 예배의 요소인 설교, 찬양, 기도 등 구체적 방안을 제안하였다. 교육은 교회와 가정에서, 세대별보다는 부모와 함께하는 교육 방안을 제안하였다. 코이노니아는 단순히 친밀함을 유지하는 것이 아니라 공동체성을 인식하고 영적인 사역을 함께하는 코이노니아에 이르는 방안을 제안하였다. 복음 전파는 어려서부터 다양한 대상을 복음 전파 대상자로 보고 관계를 형성하여 성숙한 그리스도인으로 성장하도록 제안하였다. 디아코니아는 섬김을 받는 것이 아니라 섬기는 삶을 실천하신 예수 그리스도의 정신을 삶의 현장에서 실천하는 방안을 제안하였다.

본서 2장에서는 사이버 중독에 대한 실천 신학적 입장에서 학문적 접근의 시작이라고 할 수 있다. 앞으로 교회 목회자와 신학자들이 사이버 중독에 관심을 가지고 실천 방안에 연구와 협력이 절실히 필요하다고 하겠다. 2009년 스마트폰이 도입된 이래 가입자 수는 2018년 5천만 명 돌파로 국민 1인 1 스마트폰 시대가 되었다. 스마트폰은 일상생활을 편리하게 하고 있지만, 다른 측면에서는 이에 대한 의존과 중독으로 개인 내면의 심리 문제와 대인과 소통, 그리고 인터넷 중독 및 조직 내에서 업무 효율 문제 등 부정적 결과도 초래하고 있는 것이 사실이다. 스마트폰 중독은 육체와 정신적 문제뿐 아니라 영적 생활에도 영향을 끼친다. 육체 건강과 정신 건강, 그리고 영적 건강은 서로 연결되어 있기 때문이다. 중독자들은 스스로 조절이 되지 않는다는 사실에 수치심과 죄책감을 느끼기도 한다. 또한 중독으로 인해 중독자들은 육체적 고통도 겪으며, 타인과 관계뿐 아니라 하나님과 관계를 방해받기도 하기 때문이다. 스마트폰 중독은 개인적, 가족적, 사회적, 환경적, 매체적 체계 원인이 있다. 기독교 상담에서는 스마트폰 중독에 따른 연구가 활발하게 진행되고 있지만 목회적 차원에서는 미진하다. 예배 시간에 스마트폰을 사용하는 그리스도인들이 증가하는 상황에서 목회자와 실천 신학자가 관심을 갖고 스마트폰 중독 예방과 회복에 대한 노력을 기울여야 할 때다. 본 연구에서 제안한 목회적 대안은 첫째, 개인적 원인에 따른 대안으로 정체성 회복, 균형 잡힌 자존감, 성품 훈련이다. 둘째, 가족적 원인에 따른 대안은 부모 교육, 놀이 문화 보급이다. 셋째, 사회적 원인에 따른 대안은 교회 공동체성 강화, 다양한 시설 제공이다. 넷째, 환경적 원인에 따른 대안은 하나님과 관계 회복, 오고 싶고, 머물고 싶은 교회 환경 제공, 익명성 보장이다. 다섯째, 매체적 원인에 따른 대안은 접근성과 만족성이다. 실천 신학자로서 본 연구에 많은 한계점을 느꼈으나 본 연구는 스마트폰 중독에 대한 목회자와 실천 신학자들에게 관심과 연구에 대한 도전이 되기를 바란다. 그 결과 스마트폰 중독 예방은 물론 영적으로 어려움을 겪고 있는 그리스도인들이 회복되는 계기가 되기를 소망해 본다.

본서 3장에서 멀티태스킹은 현대사회에서 불가피한 요소로 인식되지만, 그 남용은 정신적, 신체적, 사회적 문제를 초래할 수 있다. 이 연구는 목회학적 관점에서 멀티태스킹 중독을 예방하고 회복하기 위한 전략을 탐구한다. 목회학은 기독교적 가치와 신앙을 기반으로 한 실제 행동에 초점을 두는 학문 분야이다. 논문에서는 멀티태스킹 중독에 대한 이해, 예방을 위한 원칙, 회복을 위한 실천 방안에 대해 논의한다. 또한, 목회학적 관점에서 개인과 사회의 변화를 위해 필요한 도덕적, 영적 자기관리 및 교회와 사회의 지원 역할에 대해 논의한다. 이 연구는 멀티태스킹 중독에 대한 이해와 목회학의 원리를 통해 개인과 사회의 건강한 변화를 위한 실용적인 지침을 제공할 것이다. 연구자는 목회학 관점에서 멀티태스킹 중독 예방과 회복을 위한 방안으로 첫째, 성경적 가치관 정립을 통해 제안했다. 둘째, 명상 기도를 통한 방안을 제안했다. 셋째, 커뮤니케이션 강화를 통한 방안이다. 넷째, 성결성 회복을 통한 방안이다. 다섯째, 지역사회와 연대를 통한 방안이다. 이처럼 교회가 교회는 물론 교회 밖의 사회적 관계망을 형성하여 멀티태스킹 중독 예방과 회복을 위한 노력을 해야 한다. 지역사회에 위치한 중독 상담소와 MOU를 체

결하여 교회가 감당할 수 있는 인적 물적 자원을 지원
하는 방안은 적은 예산으로 지역사회에 희망을 주는 교
회, 지역사회 미래를 선도하는 교회가 될 수 있기 때문
이다. 또한 지역교회는 교회 내외의 전문가를 초청하여
멀티태스킹 중독 예방과 회복에 대한 세미나 등 다양한
섬김을 실천해야 한다. 그 누구보다 원고를 읽고 출간
하도록 애써 주신 드림북 민상기 대표님께 감사드린다.

2025년 3월
성결대학교
이수환 민장배

목차

Part 1 사이버 중독에 대한 실천신학적 접근

Part 2 스마트폰 중독 체계 원인에 따른 목회적 방안

Part 3 멀티태스킹 중독 예방과
회복을 위한 목회적 방안

PART 1
사이버 중독에 대한 실천신학적 접근

Ⅰ. 들어가는 말

코로나19 이후 사람들은 비자발적으로 사회생활에서 거리를 두게 되었다. 삼삼오오 모여서 함께 즐기던 일들이 줄어들면서 갑자기 혼자 일하고, 혼자 놀아야 하는 상황에 직면했다. 많은 사람들이 사회에서 소외되는 불안을 느끼게 되면서 스스로가 통제할 수 있는 일상에서의 작은 즐거움을 추구하기 시작했다. 다양한 사이버 유형과 커피 믹스 가루를 몇 백 번이고 저어 달고나 커피로 만들기 같은 것이 대표적인 예이며, 놀이로 불안을 극복하기 시작한 것이다.[1] 그럼에도 불구하고 오늘날 사회적, 경제적, 문화적, 심리적, 영적 문제 때문에 수많은 현대인은 마음의 고통을 호소하고 있다. 사실 21세기 인류 문명은 매우 발달하였으나 인간의 고통은 감소하지 않고 점점 더 증가하고 있다. 그래서 우울증에 시달리는 사람들이 늘어나고 있으며, 자살이라는 극단적인 길을 선택하는 사람들도 증가하고 있다.[2]

현대 사회는 다양한 중독이 범람하는 시대다. 4차 혁명으로 인한 인공지능(AI) 기술이 지속적으로 발달 되고

---

1) 김난도 외 8인, 『트렌드 코리아 2021』 (서울: 미래의창, 2020), 362-63.
2) 전형준, 『성경적 상담학』 (서울: 도서출판 대서, 2016), 5.

기술과 인간의 역할 경계가 서서히 무너지고 있는 현시점에서 언제 어디서나 사용 가능한 모바일 기반 게임이나 SNS 등의 유희적 IT들은 점점 더 인간의 시간과 영혼을 잠식하며 소비자를 사이버 과사용으로 중독화로 내몰고 있다. 이러한 급격한 기술의 변화 속에 물질적 중독에 취약한 인간의 본질은 무엇이며, 이성적 행동 관점에서 바라본 중독 현상의 실체를 탐구하고 심각한 사이버 과사용으로 인한 사회적 손실 비용의 최소화 방안은 무엇인지에 대해 고민해야 한다.[3] 인간 이성을 이상화하여 진리를 부인하며 파편화된 자아도취적인 포스트모던 시대에서 인간은 쉽게 중독에 빠지기 쉬운데, 중독에 물들고 희생당하고 노예화되고 있다.[4] 따라서 본 연구에서는 사회 환경과 개인의 생물학적, 그리고 심리적 요인이 복합적으로 영향을 주어 발생하므로 치유적 개입도 총체적인 차원에서 이루어져야 할 사이버 중독에 대한 실천신학적 접근에 대해 고찰하고자 한다.

---

3) 오원석 외 3인, 『디지털 중독의 이해와 대응 방안』 (서울: 집문당, 2018), vii.

4) 김영희, "알코올중독방지협회(A.A.)의 역사를 통해 얻은 목회상담학의 교훈: 치유법에 초점을 맞추어," 「ACTS 신학저널」 30(2016), 47.

II. 중독에 대한 이해

중독의 정의는 다양하나 핵심 단어는 무능력이다. 한 가지 행동이나 여러 가지 행위들을 멈추거나 혹은 마음대로 하는 것에 대한 개인의 무능력을 말한다. 그것은 연약해서 갈등하는 영역을 다루거나 조절할 능력이 없는 상태를 의미한다. 중독에 대한 전형적인 개념이해는 행동주의적이다. 그것은 중독 치유의 시작과 끝은 행위이기 때문이다. 하나님도 우리의 행위에 대해 무척 신경을 쓰신다는 것을 알 수 있다.[5] 그래서 죄, 질병, 영성, 하나님, 그리고 그 밖에 여러 가지로 정의 내릴 수 있는 개념이해들은 대화를 어렵게 할 수도 있다. 성경은 성과 음식, 그리고 술[6]을 가장 일반적인 중독으로 보고 있다. 대부분의 중독은 우리의 육체적 경험에 변화를 주어 몇 일 또는 몇 주가 걸리는 것을 몇 초, 몇 분 안에 신속하게 진행되도록 한다. 그 결과 눈에 띄는 변화를 보기 위해 몇 달간 꾸준히 복용해야 하는 비타민에는 거의 중독되지 않지만, 바륨(Valium), 술, 섹스, 심지어

---

5) Grudds F. Michael/ 박찬영 역, 『중독에서 자유로워지려면』 (서울: 샘솟는기쁨, 2021), 23.

6) 술은 오늘날 향정신성 약물에 해당하는 영역이다.

고통과 관련된 빠른 육체적 느낌에 중독된다.[7] 이에 중독이라는 개념이해에 관련하여 성경적 이해와 신학적 이해, 그리고 일반적 이해에 대하여 고찰하고자 한다.

1. 성경적 이해

1) 구약 성경

구약 성경에서 히브리어로 '독'(poison)이라는 단어가 '로쉬'(ראשׁ)로 사용되었다.[8] 이 단어는 '독이 든 상태'를 의미하며, '매우 악한 상태'에 빠진 것을 뜻하기도 한다. 아주 안 좋은 '독', 또는 다른 말로 매우 안 좋은 '악'에 사로잡힌 것을 의미한다.[9] 잠언에 알코올 중독이 매우 잘 기술되었다(잠 23:29-35).

모든 중독에서 한 가지 주된 요인은 자기중심성이라는 의견이 널리 일치되고 있다. 자기중심성과 자기 고집, 그리고 거역은 성경에서 우상숭배와 관련되어 등장

---

7) Edward T. Welch/ 김 준 역, 『중독의 성경적 이해』 (서울: 국제제자훈련원, 2013), 33-36.

8) Robert Koops/ 권성달 역, 『성서 속의 식물들』 (서울: 대한성서공회, 2015), 195.

9) 김상철 외 4인, 『중독 A to Z』 (과천: 넥스트세대, 2019), 19-20.

하였다(삼상 15:23).

2) 신약 성경

신약 성경에서 헬라어로 '독'을 '이오스'(ιος)라고 한다. 이 단어는 육체적인 욕망을 뜻하며, 죄성으로 인해 육체적인 탐욕에 취해 있는 상태를 의미한다. addiction은 '할애하다', 혹은 '헌신하다'라는 뜻이다. 중독에 걸린 사람은 자신의 시간, 재정, 에너지를 과도히 중독에 할애하고 헌신한다.[10] 이처럼 중독은 죄로 인한 속박이다.

신약 성경은 속박에 대해 언급하는데, 이것은 죄악된 인간의 중독성과 중독성을 묘사하는 또 다른 방법으로 예수께서 주장하셨다(요 8:34). 바울도 속박에 대하여 로마서와 갈라디아서에서 증언하였다(롬 6:17, 7:23, 8:15; 갈 2:4, 4:3, 4:24, 4:25, 5:1). 성 중독에서 치유받은 사례도 있다(눅 7:36-50).[11]

---

10) Ibid, 20.

11) Bruce Litchfield & Nellie Litchfield/ 정성준 역, 『기독교 상담과 가족치료 Ⅳ』 (서울: 예수전도단, 2010), 31-33.

2. 신학적 이해

중독은 사회적 영향이 가장 큰 요인으로 설명될 수 있
다. 그리고 중독의 현상은 다양한 현상으로 드러난다.
신학적으로 중독은 첫째, 힘의 관점에서 볼 때 사회에
서 나타난 힘에 대한 이해는 서열이라는 이름으로 설명
된다. 즉 위계적 질서를 설명할 때 상하관계의 상하관
계를 힘으로 구분한다. 힘이란 어떤 외부 존재로부터
영향을 받지 않는 능력이다. 매우 배타적이고 고립된
상태에 있는 것이다. 이것을 일방적 힘, 배타적 힘으로
설명할 수 있다.[12] 일방적인 힘은 전통적이고 고전적인
힘의 해석이다. 일방적 힘은 추종의 대상이지 존경의
대상은 아니다. 일반적으로, 배타적 힘은 추상적이 아
니라 더 실재적이고 현실적이다. 특히 힘이 많이 가질
수록 다른 것들에 의해서 영향을 받지 않으려고 한다.

둘째, 중독을 죄의 입장에서 볼 때 중독이란 삶을 영
위하는데 필요한 것들에 대한 지나친 갈망이라고 말 할
수 있다. 다시 말하면 인간의 일상에서 일어나는 모든
일에 지나친 집착과 강박으로 인해서 창조적이고 생산

---

12) Robert C. Mesle, *Process Theology: A Basic Introduction* (St.
Louis: Chalice Press, 1993), 26.

적인 구체적인 삶의 결과가 나타나지 않는 것을 칭할 수 있다. 인간이 필요한 삶에 유익하고 긍정적이며 적극적인 도움을 주고 도움을 받을 수 있는 상태로 유지되는 상태가 되었을 때 정상적이고 영적인 삶이라고 말할 수 있다. 중독의 삶은 관계가 끊어진 늪에서 고독하며 외로운 상황에 있는 상태이다. 이런 관점에서 볼 때 중독의 삶이란 통제되지 않으며 가능한 최대의 집착, 스스로 자신을 부인하며 분노와 억압으로 점철된 삶이다. [13] 중독이란 상호적인 상태가 아니라 일방적인 상태이다.

셋째, 중독을 학대의 관점에서 볼 때 중독이란 자신이 스스로 학대하는 또한 타인에 의해서 학대되는 것이다. 신체적으로, 정서적으로 사회적으로 영적으로 자신을 건강하게 돌보는 것이 아니라 강박적인 마음으로 몸과 마음, 그리고 영혼에 학대하는 것을 중독이라고 할 수 있다. 몸에 대한 학대는 곧 하나님의 창조 정신에 반하는 것이다. 성경은 몸에 대하여 하나님이 머무는 성전이라고 했다(고전 6:19-20). 이러한 설명은 창조의 정신으로 몸이 하나님의 사랑과 돌봄의 애정으로 창조되었다.

---

13) Wesley Carr, *The New Dictionary of Pastoral Studies* (Grand Rapids: Wm. B. Eerdmans Publishing Company, 2002), 7-9.

몸이란 단순한 생물학적 분석으로 이해하는 것이 아니라 좀 더 깊은 형이상학적인 관점에서 하나님 사랑의 표현이고 돌봄의 대상이라는 점이다.[14] 몸과 마음을 하나님의 성전으로 인식하고 돌봄의 대상이라는 것을 가능하게 하는 중요한 요소는 이상적인 힘이다.

3. 일반적 이해

'어딕션'(addiction)의 어원은 라틴어 '애티케레'(addicere)인데, '~에 사로잡히다', '~의 노예가 되다'라는 뜻이다. 어떠한 물질이나 생동에 비정상적으로 집착을 보이고 통제하지 못할 때 결국 그것이 나를 노예로 삼고 통제하게 된다는 의미다. 중독은 독이 체내에 들어와 납중독, 농약 중독처럼 중독증상을 일으키는 것이 아니라 정신적으로 어떤 대상이 없으면 견디지 못하는 의존적인 현상이다.[15] 고대 역사의 기록에 보면, 약 5,000년 전 고대 이집트에서 음주 문제에 대한 중독 해결책을 찾고 있었다. 그 후 물질에 관한 연구가 계속되었으나 아직도 중독에 대해 밝혀지지 않은 부분들이 많다. 현재 많

---

14) 박중수, "중독을 위한 목회상담학적 암시," 256.

15) Craig Nakken/ 오혜경 역, 『중독의 심리학』 (서울: 웅진지식하우스, 2008).

은 연구는 중독의 치유와 생물학적인 부분에 대한 정보들을 제공하고 있다. 그러나 대부분의 중독 전문가들은 생물학적인 요소는 환경적 요소와 함께 상호작용하여 개인의 취약성을 증가시키는데 그 결과로 발생하는 복합적인 장애가 바로 알코올 중독을 포함한 여러 중독이라고 주장했다.[16]

중독에는 일 중독, 과식, 병리적인 대인 의존성, 충동적인 성행위, 충동구매, 분노, 비밀스러운 음주, 약물(처방된 약물과 마약), 도벽, 아동학대, 강박적인 운동, 충동적인 TV 시청과 스포츠 관람, 충동적인 사이버 사용, 충동적인 독서, 기타 강박 충동적인 문제들로 인해 갈등하는 사람들이 많다. 대부분 그들은 이러한 것들을 문제로 여기지 않으며, 자신의 강박 충동성에 대해 부인하고 있는 편이다. 사람들은 단순한 충동성을 넘어서서 심각한 중독에 빠져 버리며, 다중중독에 빠진 사람들도 많다. 이런 식으로 사람들은 쫓김으로써 죄성으로 인한 반항, 낮은 자존감, 깊은 거절감, 죄책감과 수치감, 과도한 스트레스(외상, 직장, 생활의 변화로 인한), 현실도피, 정서적 고통을 잠재우기 위해, 같은 분노를 표출하는 수단,

---

16) William L. White, *Slaying the Dragon* (Bloomington, IL: Chestnut Health Systems, 1998), 289.

불법적인 행위로 인한 흥분감, 망상적 행복감 등 충동의 노예가 되는 것이다. 어떤 사람들은 자신의 신경계를 가라앉히기 위해 음식, 일, 신경안정제, 진정제, 과도한 인터넷서핑, 섹스 등에 빠져드는데 그들은 알코올에 빠져드는 사람들과 마찬가지로 자신의 감정에 직면하는 것을 회피하고 있다는 사실을 깨닫지 못한다.[17]

III. 중독의 문제

사이버 중독은 실제로 존재하는 임상적 현상이기 때문에 원인 및 임상적 특성을 규명하여 효과적인 예방과 치유 방법을 개발하기 위한 노력을 계속해오고 있다.[18] 따라서 기분장애, 범불안장애 및 사회 불안장애 등의 불안장애, 주의력결핍 과잉행동장애(ADHD) 등이 가장 흔한 공존 질환인 것으로 보고되고 있는 사이버 중독의 문제는 다음과 같다.

---

17) Bruce Litchfield & Nellie Litchfield, 『기독교 상담과 가족치료 IV』, 27.

18) 최삼욱, 『행위중독』 (서울: 눈출판그룹, 2017), 136.

1. 우울증

우울은 인간이 경험할 수 있는 흔한 심리상태이다. 우울은 인간이 성장하는 과정에서 자주 경험할 수 있다. 우울하다는 동사는 '슬프게 만들다.', '기를 죽이다.', '더욱 낮은 위치로 밀어 넣는다.' 등의 의미가 있다. 우울증(depression)에 대한 행동주의 이론에 의하면 인간은 삶 속에서 긍정적 지지가 상실되면 서로 연결된 적응적 행동이 감소하면서 발생하게 된다.[19] 행동주의 이론에 의하면, 우울증은 강화물의 상실이나 반응의 소거로 일어나기도 한다.[20] 우울증은 청년기에 더 가중될 가능성이 있으며, 장기적으로 지속되는 경향이 있다.[21] 인지이론에 의하면 우울증은 긍정적 정보보다 부정적인 정보를 받아들이기 때문이다. 우울한 사람은 부정적 사고를 많이 한다. 그 결과 삶의 현장에서 나타나는 다양한 상황을 잘못 받아들이거나 의미를 왜곡시킨다.[22] 우울

---

19) 권석만, 『침체와 절망의 늪 우울증』 (서울: 학지사, 2000), 67.

20) 권석만, 『우울증』 (서울: 학지사, 2000), 50-51.

21) Irwin G. Sarason, & Barbara R. Sarason/ 김은정 · 김향구 · 황순택, 『이상심리학』 (서울: 학지사, 2003), 601.

22) 배미라, "청소년기 우울과 부정적 사고에 대한 기독교 상담적 고찰," 「신학과 실천」 67(2019), 430.

중 현상이 있으면 정상적인 사고능력이 결여되고, 주의력은 산만하고, 자기 파괴적이고, 분노 조절 장애 등 심리적 부적응을 일으키게 되어 대인관계에 어려움을 겪게 된다. 특히 과도한 목표를 추구하는 경우 심리적 침체를 통해 우울증이 나타날 가능성이 높다. 또한 우울증이 심화되면 무기력, 분노, 절망감, 자살 충동 등을 경험하게 되며, 자살을 시도하기도 한다. 청소년기의 우울은 친구 관계가 어려워 사이버 공간을 더 의존할 가능성이 매우 높다. 그 결과는 우울을 경험하고 있는 사람들은 부정적 정서와 일상생활에서 어려움을 회피하기 위해 사이버 공간을 찾게 된다. 사이버 공간을 통해 사람들은 정서적인 지지로 안정을 누리며 부정적 정서를 회피하려는 경향이 있어 사이버에 중독될 가능성이 놓은 것으로 이해하고 있다. 사이버를 과사용 하는 사람들은 사용하지 않은 사람들보다 더 우울해하는 경향이 있다.[23] 인간은 생활속에서 칭찬이나 지지를 받으면 긍정적 강화가 이루어져 우울증을 예방할 수 있다.

---

23) 최삼욱, 『행위중독』, 152.

2. 불안

불안(anxiety)이란 위험이 닥칠 것처럼 느껴지거나, 불쾌한 일이 예상되는 정서적 상태이다. 불안은 일종의 근심 걱정 및 두려움과 공포를 포함하는 포괄적인 정서적 반응으로 정상적인 불안(normal anxiety)과 병적인 불안(pathological anxiety)으로 분류할 수 있다. 불안의 원인은 다양하여 규정하기 어려운 것이 사실이다. 그러나 불안의 원인은 잘못된 대인관계에서 비롯되는 경우가 많다. 대인관계에서 우울, 고독감, 열등감, 분노, 죄책감, 혐오감 등이 지속적으로 경험할 때 불안은 병적 증상으로 나타난다.[24] 대부분의 사람들이 불안을 감소시키거나 극복하기 위해 회피행동을 습득하고 되풀이하게 된다.[25] 청소년의 경우는 자신의 능력을 과소평가할 때와 대인관계에 대립각이 세워질 때, 환경적 요인에 의해 자신의 요구가 충족되지 않을 때, 자존감이 낮을 때, 성적 동요가 있을 때, 장래가 불안할 때, 성취감이 떨어

---

24) Harry S. Sullivan, Helen S. Perry, & Mary L. Gawel, *The Interpersonal Theory of Psychiatry* (Oxon: Routledge, 2001), 251-52.

25) 원호택, 『이상심리학』 (서울: 법문사, 2001), 164.

질 때 불안이 나타나기도 한다.[26] 사이버 공간을 더 많이 의존하는 청소년들은 성적이 떨어지거나, 동성이나 이성 친구와 관계가 어려울 때, 진학과 취업 등 장래에 대한 희망이 약화될 때 불안이 증가할 수 있다. 그 결과 사이버 공간을 더 많이 사용 하게 되고, 가상의 자기를 통해 현실 생활에서 느끼지 못했던 만족감을 경험하면서 더 몰두하게 되는 것이다.[27] 반면 사이버에서 가상의 자기와 현실에서 실제 자기 사이에 차이가 클수록 불안이 증가하고, 이렇게 증가한 불안은 불면증이나 소화장애와 같은 신체적 증상으로 나타날 수 있다.[28] 이와 같이 병적인 불안의 심리를 가진 청년들은 공포, 회피, 도피, 분노 등으로 사회 적응에 어려움을 겪게 되며, 신체적 증상도 함께 나타나 심장의 박동이 빨라지며, 가슴이 답답함을 느끼기 때문에 독립적으로 정상적인 생활을 어렵게 만들 수 있다.

행동주의 접근법에서 상반 행동 강화는 결석을 자주 하는 학생이 출석을 할 경우 격려와 칭찬을 통해 결석

---

26) 오윤선,『청소년의 이해와 상담』(서울: 예영, 2006), 149-50.

27) 소현하·한유진, “초기 청소년의 인터넷 중독, 대인 불안 및 자기통제가 메신저 몰입에서 미치는 영향,”「한국가정관리학회지」28(2010), 181-92.

28) 권선중·김교헌·이홍석, “아동의 컴퓨터 게임 중독과 신체 증상: 불안의 매개효과,”「조사연구」6(2005), 39-50.

행동을 감소시키는 기법이 있다.[29]

3. ADHD

ADHD(Attention Deficit Hyperactivity Disorder)는 주의력 결핍 과잉행동장애 및 충동성을 임상적 특징으로 하는 뇌 질환이다. ADHD와 사이버 중독 간의 관련성은 ADHD 증상 중 하나인 과잉행동 및 충동성으로 인한 통제 능력의 결핍으로 사이버 사용을 조절하지 못해 사이버 과사용으로 이어질 수 있다고 본다.[30] 또한 ADHD는 중추신경계의 낮은 흥분도를 높이기 위해 과잉행동을 통해 이를 보상하려는 경향이 있다. 그런데 이러한 경향이 과잉행동 대신 감각적이고 자극적이며 변화무쌍한 사이버에 탐닉하도록 만드는 것으로 보기도 한다.[31] 그리고 사회적 기술이 부족하거나 대인관계에 어려움을 겪고 일상생활에서 재미를 느끼지 못하는 ADHD 아동이나 청소년들에게 사이버는 보상이 될 수 있기에 중독

---

29) 전요섭, "범불안장애극복을 위한 '상반행동강화'의 기독교상담적 적용," 「신학과 실천」 56(2017), 457.

30) 최삼욱, 『행위중독』, 153.

31) 노석준·이동훈·김인숙·송연주, "전문계열 고등학생의 ADHD, 우울, 불안이 인터넷 중독에 미치는 영향," 「아시아교육연구」 12(2011), 25-53.

으로 이어질 수 있다.[32]

ADHD와 정서장애가 공존할 경우 전체지능 점수가 정서장애 집단보다 낮았으며, ADHD 집단은 정서장애 집단보다 작업 기억 지표 점수와 작업 지표의 소검사 중 숫자 및 순차 연결의 점수가 유의하게 낮아 정서장애 집단보다 청각적 기억력, 계열화, 주의력, 정신적 조작 등의 능력에 결함이 있는 것으로 연구되었다.[33] 이런 결과는 인간이 성장하는 과정에 심리사회적 욕구를 충족시켜주어야 함을 분명하게 드러내었다고 할 수 있다.

4. 적대감과 공격성

우리 사회에서 증가하고 있는 성범죄자의 경우, 적대감과 공격성이 관계에서의 철회, 인지적 왜곡 등의 심리적 특성을 나타낸다. 이처럼 사이버 공간에 몰입하는 이들도 생리적 기제에 의해 유도되는 충동에 의한 몰입이라기보다 정서적 욕구, 혹은 통제 욕구와 같은 심리적 요인이 크다고 할 수 있다. 이들은 다양한 영역에서

---

32) 최삼욱, 『행위중독』, 153.

33) 김혜진·하은혜, "ADHD, ADHD 및 정서장애 공존집단, 정서장애 집단 간 인지기능과 문제행동의 차이: 아동복지시설 아동·청소년을 대상으로," 「놀이치료연구」 23(2020), 379-95.

공격적인 행동에 몰입하여 자신의 권위나 힘을 과시하고 그 과정을 통해서 자신의 나약함과 부족함을 잊고자 한다. 또한 이들은 반사회적 성격을 보이며, 타인에 대한 감정이입 및 자기 행동에 대한 자책감이 부족하다고 할 수 있다.[34] 적대감과 공격성은 사이버 공간에서도 나타난다. 적대감과 공격성은 사이버 중독이 유지되는데 기여하는 요인이 될 수 있다. 인터넷 중독인 청소년 경우에는 공격적인 행동을 더 많이 표출하는 경향이 있는 것으로 보고되었다. 그리고 적대감이 높은 청소년들은 대인관계에서 갈등을 경험할 가능성이 높으며, 현실 상황에서 갈등을 회피하기 위한 수단으로 사이버를 과사용 하게 되면서 중독에 대해 취약해지는 것으로 보고되었다. 사이버 공간의 다양한 활동은 적대감을 표현할 수 있고, 폭력적인 행동을 실행할 기회를 제공하고 있지만, 현재 단정 지을 수는 없어 이와 관련된 연구 등 추가적인 연구가 필요하다.[35]

---

34) 공마리아·최은영, "성인 남성의 성몰입, 공격성 및 적대감, 철회에 관한 연구: 성범죄, 일반범죄, 일반 성인 집단간 비교를 중심으로," 「美術治療研究」 22(2015), 821.

35) 최삼욱, 『행위중독』, 154.

5. 성격장애

성격장애는 개인이 속한 문화적 규범과 기대의 맥락에서 적응적 자기 정체감과 대인 기능 능력을 개발하는 데 실패한 것이라고 할 수 있다.[36] 자기 정체감은 정체성 통합, 자기개념의 통합, 자기 방향성이다. 정체성 통합은 통일성과 연속성을 인지하고 변화하는 자기 상태를 체험하고 자신과 세계가 구성하는 것을 느끼는 능력이다. 자기개념의 통합은 내적 생동감을 체험하고 타인과 경계를 적절하게 설정하고 자신의 독특한 특징을 확인하고 묘사하는 능력이다. 자기 방향성은 인생의 목적, 방향, 의미를 주는 만족스럽고 보상이 되는 목표를 설정하고 달성할 수 있는 능력이다. 이 가운데 어느 한 측면에 문제가 발생하면 손상된 자기 정체감을 경험한다. 대인 기능 능력은 공감, 친밀성, 협력성, 타인 표상의 복잡성과 통합성이다. 공감은 타인의 마음 상태를 이해하는 능력이다. 친밀성은 우정이나 친밀한 관계를 형성하고 유지하는 능력이다. 협력성은 친사회적 행동이나 우호적 행동을 할 수 있는 능력이다. 타인 표상의

---

36) 반신환, "경계선 성격장애에 대한 변증법적 행동치료와 기독교 상담," 「신학과 실천」 23(2010), 323. 317-40.

복잡성과 통합성은 타인에 대한 이미지가 충분히 개발
되어 있고 서로 유기적으로 조직되어 있는 것이다. 자
기 정체감과 대인 기능 능력 가운데 하나가 훼손되면
성격장애가 된다.

성격장애 특징은 첫째, 버림받음의 회피, 둘째, 극단
적 이상화와 평가절하의 반복, 셋째, 자기 표상의 극단
적이고 지속적인 불안정성, 넷째, 자기 손상적 충동적
행동, 다섯째, 자살 행동이나 위협 혹은 자해의 반복, 여
섯째, 기분의 반응성에 따른 정서적 불안정성, 일곱째,
만성적 공허감, 여덟째, 이유 없는 강렬한 분노 혹은 분
노 조절의 어려움, 아홉째, 스트레스에 따른 일시적 편
집중적 망상 혹은 심한 해리적 증상이다.[37]

IV. 사이버 중독에 대한 실천신학적 접근 방법

사실상 사이버 중독은 마약이나 도박과 달리 접근
을 차단할 방법이 부족하다는 점과 일상생활이나 생업
에 반드시 사용해야 하는 매체들을 대상으로 삼는다는

---

37) 반신환, "경계선 성격장애에 대한 변증법적 행동치료와 기독교 상
　담," 323-25.

점에서 역사상 다른 중독보다 더 위험하다고 볼 수 있다.[38] 본 연구에서는 교회의 본질적 기능이라고 할 수 있는 예배, 교육, 코이노니아, 복음 전파, 디아코니아를 통한 실천신학적 접근 방법을 제안하고자 한다. 다만 사이버를 과사용 하는 이들은 프라이버시를 중요하게 생각하기 때문에 이를 간과해서는 안 된다.

1. 예배를 통한 방안

한국교회 예배는 지나치게 세대별로 분화되어 있다. 그 원인은 예배를 교육적 차원에서 접근했기 때문이라고 할 수 있다. 그러나 기독교 예배는 하나님의 백성이 되기 위한 교육과 훈련이기 이전에 하나님의 백성들이 함께 하는 공동체 행위이다. 예배는 인종, 직업, 성별의 구분 없이, 연령과 세대의 구분도 없어야 한다. 즉 기독교 예배는 모든 것을 초월하는 가정적 구조이다. 그러므로 예배 공동체를 식탁 공동체로 부른다. 식탁에서는 인종, 직업, 성별, 연령에 따라 구분하지 않고 지적인 능력이나 신체적 발달에 따라 구분하지 않는다. 예배는

---

38) 권재원, 『컴퓨터 게임 중독증의 이해와 치료』 (파주: 한국학술정보, 2007), 260.

가정에서 온 식구가 모든 것을 초월하여 식사라는 사건적 행위에 함께 참여하는 것처럼, 예수 그리스도에게 나타난 하나님의 활동하시는 사건에 다 같이 참여하는 것이다.[39] 예배를 통해 서로 이해하고 코이노니아 하는 공동체 예배가 될 수 있기 때문이다. 매주 할 수 없다면 분기나 격월 또는 매월 1회 실시하며 점차 확대하는 방안을 제안한다. 또한 구체적으로 예배 요소를 통한 통합 방안은 다음과 같다.

예배는 하나님을 찬양하는 행위이다. 음악을 통한 하나님 찬양은 예배의 중요한 요소이다. 중세 예배 찬양이 일부 음악인들과 지도자들에게 국한되었던 것을 종교 개혁자 마틴 루터가 자국어로 번역하며 누구나 함께 부를 수 있는 곡을 활용했다. 예배에 인종, 직업, 성별은 물론 세대별 구별이 없이 진행되려면 음악적 요소를 연구할 필요가 있다. 즉 세대별 극명한 차이를 보이는 예배 음악을 신학적 문제가 없다면 통합예배에서 사용할 수 있는 방안이 필요한 것이다.

예배 기도는 찬양, 감사, 회개, 중보적 기도, 간구 순으로 진행되어야 한다. 예배에서 기도는 중요한 요소로

---

39) 김세광, "한국교회 예배유형의 다변화에 따른 대안적 모색: 중소형교회를 위한 세대 통합예배의 필요성과 가능성," 「신학과 실천」 15(2008), 20.

기독교 초기부터 기도서가 지속적으로 발행되었다. 그러나 한국교회는 기도서 발행은 무관심하여 예배 기도가 아닌 기도가 예배 시간에 이루어지고 있다. 그러므로 예배 기도에 대한 이해가 목회자부터 필요하며 교육을 통해 통합에서 다양한 기관 대표가 기도 순서를 맞도록 하는 방안도 고려해 볼 수 있다.

한국교회는 예배가 설교로 잘못 인식되어 왔다. 설교도 예배의 요소이다. 설교에서 청중 이해는 설교의 중요한 축이라고 할 수 있다. 다원화된 현대 사회 구성원인 그리스도인들에게 심리적 문제가 발생하여 교회가 상담실을 개설하고 목회자가 상담을 하지만 실망스러운 결과가 도출되고 있다. 그러므로 목회자가 성경적 지침을 제공할 수 있는 설교를 통해 치유를 경험하게 하는 것이 효과적이다. 설교는 익명성을 보장하는 가운데 회중을 내담자로 인식하여 집단상담 효과를 가져올 수 있다. 상담적 설교는 효과적인 목회 돌봄이 될 수 있다. 전요섭은 용서라는 주제를 심리학적 도움을 받아 다양하고 풍성한 경험적 연구의 결과들을 정리하여 설득적 메시지로 전달할 수 있다고 주장했다.[40] 설교자

---

40) 전요섭, "상담적 설교의 심리학적 접근," 「신학과 실천」 59(2018), 111-12.

가 청중 분석을 통해 그들이 겪고 있는 심리적 상태를 인지하고 설교를 하는 것은 소통이 되기 때문이다. 또한 설교자가 성경 본문에 나타난 다양한 심리적 문제를 설교로 예방과 극복방안을 제시한다면 예방 및 효과적인 치유가 될 수 있다. 성경에는 현대인들이 직면하고 있는 심리적 문제 가운데 갈등, 염려, 열등, 불안, 위기, 사이버 중독 등이 풍성하기 때문에 설교를 통해 치유와 회복을 얻도록 해야 한다. 예배는 일차적으로 하나님께 영광을 돌리는 일체적인 행위이지만 개인이 아닌 공동체가 함께 하는 예전이다. 한국교회가 다양한 계층과 함께 드리는 예배가 된다면 서로에게 좋은 멘토가 되고 다양한 위기를 극복하는 좋은 치유의 장이 될 수 있다.

기독교 성례전은 세례와 성찬으로 공동체성을 분명히 드러내고 있다. 세례 성례전의 신학적 의미는 다양하지만 그리스도와 연합과 교회와 연합으로서 세례는 공통적이다. 그러므로 모든 그리스도인들이 함께 세례 성례전을 참여하며 한 몸의 정신을 갖도록 해야 한다. 성찬 성례전은 유월절 식사와 유대 랍비들의 식사에서 오늘에 이르게 되었다. 성찬 성례전에서 사용되는 빵과 포도주는 누군가에 의해 곡식과 포도나무를 관리하여 포도즙을 짜야 하고, 밀을 재배하여 가루로 만들어

반죽을 만들어야 한다. 이런 과정을 통해 서로 책임 있게 기여하고, 준비하고, 나누는 것이 성찬 성례전이다. 또한 성찬 성례전은 예수 그리스도의 희생을 분명하게 드러낸다. 성찬 성례전의 은총이 그리스도 안에서 참여자를 한 몸, 한마음이 되게 하시어 세상을 섬기게 한다.

성찬 성례전 식탁에 예수 그리스도의 부름을 받기만 하면 사회적 어떤 차별도 없이 참여할 수 있다. 예수 그리스도께서는 당시 종교 지도자들로부터 외면을 당했던 세리, 죄인 등을 먼저 초대하시어 식탁 교제를 하셨다. 예수 그리스도의 식탁은 사회적 격차를 뛰어넘어 하나님의 관심 범위가 지극히 광대하다는 것을 보여 주었다. 당시 종교 지도자들은 이처럼 차별이 없는 예수 그리스도의 식탁 교제를 원망까지 했다. 따라서 오늘 교회에서도 성찬 성례전에 누구든 참여할 수 있도록 포용이 필요하다. 성찬 성례전의 의미는 불변하기 때문이다.

2. 교육을 통한 방안

모든 중독은 증상이 나타난 다음에 치유하려고 하면 쉽지 않다. 이미 몸과 마음속 깊이 중독의 패턴이 자리 잡고 있기 때문이다. 사이버 중독도 예외가 될 수 없다. 특히 청소년 시기에 열심히 공부하고 미래의 꿈을 위해 준비해야 할 시기에 사이버 과사용으로 중독이 되면 단지 중독의 문제만 아니라 다음 세대의 인생 전체에 부정적 영향을 끼치게 될 수 있다. 교회 지도자들은 늦었으나 지금부터라도 중독에 대한 교육 및 예방 사역의 중요성을 인식해야 한다. 첫째, 각 교회 차원에서 현재 상황에 대해 파악하는 것이 필요하다. 둘째, 부모들을 대상으로 사이버 중독과 관련된 교육을 실시해야 한다. 셋째, 다음 세대 대상으로 사이버와 관련된 교육을 해야 한다. 마지막으로, 교회 차원에서 사이버 문화에 대해 관심을 갖고 선도하는 역할을 해야 한다. 사실 사이버 중독은 심각한 질병이다. 신체적인 질병의 경우는 약물 치료와 수술 등을 통해 치료와 회복 방안이 있지만 사이버 중독은 마음의 병이기 때문에 치유와 회복이 쉽지 않다. 이런 점에서 교회는 경각심을 갖고 시대의 변화 속에서 사이버 중독의 문제에 적절히 대처하기 위해 문제 인식에 대해 마음을 열고 이해하며, 더 나아가 제대로 평가해야 한다. 사이버 중독은 가정의 문제이자 교회와 사회의 문제이기 때문에 교회 차원에서 지속

적인 관심과 함께 연구하고 교육적 대안이 필요하다. [41]

　박향숙은 신생 성인에게는 획일화된 집단적 형태의 신앙 교육은 적합하지 않다며, 그들이 스스로 선택하고 참여할 수 있는 다양한 신앙 교육구조가 내재 된 네트워크 공동체가 필요하며 이를 통하여 스스로 자신의 신앙의 상태를 점검하고 자신의 신앙이 더욱 성숙, 성장할 수 있도록 지원해주는 시스템이 이상적인 교육이라고 주장하였다. [42] 정정숙은 기독교 교육을 통해 신앙 교육을 위해서는 첫째, 신학이 체계화한 기독교에서 주어지는 내용을 적용, 해석, 전달, 가르치는 행동과학이 되어야 한다. 둘째, 기독교 신앙에 관한 교육으로 신앙 공동체에 의한 교육을 말하며 교육의 장으로는 교회, 가정, 학교, 사회 등이다. 셋째, 중생한 신앙인이 총체적, 전체적, 신앙 고백적 삶의 형태로서 추구하도록 해야 한다. 라고 주장하였다. [43] 사이버 공간과 여기에 사용되는 미디어는 역기능만이 있는 것이 아니다. 사이버와 미디어의 순기능을 목회자들이 먼저 인식해야 한다.

---

41) 문희경, "청소년 인터넷중독에 대한 목회상담적 대응," 「신학지남」 78(2011), 301-03.

42) 박향숙, "신생 성인기를 위한 기독교신앙교육," 「기독교교육논총」 37(2014), 315.

43) 정정숙, 『기독교 교육학』 (서울: 도서출판 베다니, 2000). 22.

목회자가 먼저 사이버와 미디어의 순기능을 인식하면 첫째, 하나님의 존재를 의식하게 하고, 둘째, 종교적인 감성을 느끼게 하며, 셋째, 시간과 공간의 차이를 현실과 연결시켜 주며, 넷째, 추상적인 교훈을 구체적인 생활로 옮기는 역할을 하게 해야 하며, 다섯째, 흥미를 느끼고 참여하도록 할 수 있다.

교회도 이미 홈페이지, 유튜브, 블로그, 어플리케이션을 통해 교회 정보는 물론 신앙 교육까지 사이버 공간을 활용하고 있으며, 코로나19로 인해 예배까지 폭넓게 활용되고 있다. 이제 교회는 사이버에 중독된 교인들을 이해하고 그들과 친밀한 관계 유지를 위해 어떻게 실천신학적으로 접근해야 할지 교육적 방안을 모색해야 한다. 특히 중독은 가족에서 시작되기도 한다. 자녀가 태 속에서부터 부모에게 영향을 받기 때문이다. 신생아는 가족을 통해 최초의 남자, 여자인 부모를 만난다. 그는 가족 안에서 긍정적인 것과 부정적인 것을 배우며 성장하게 된다. 부모에게서 자녀는 무조건적인 사랑과 신뢰, 그리고 소통과 희망을 경험한다.[44] 그러므로 가정교육 환경과 가정교육이 중요하다. 교회는 가정에서 기독교 신앙 교육이 중요하다. 부모가 먼저 신앙

---

44) 김상철 외 4인, 『중독 A to Z』, 150-51.

과 삶의 균형을 유지하며, 가족의 신앙의 규범, 역할, 규칙 등을 통해 자녀들이 건강한 성인으로 성장하도록 도와야 한다. 부모가 가정에서 실천해야 할 방안은 첫째, 안정감이다. 부모는 자녀들에게 음주, 게임, 취미 생활 등에서 절제하는 모습을 보여 주어야 한다. 둘째, 소통이다. 부모는 자녀들의 눈높이에 맞는 대화를 해야 한다. 대화의 기술에 대한 노력을 통해 부모와 자녀 간에 의사소통이 확대되도록 지속적인 노력을 해야 한다. 셋째, 여가활동이다. 부모는 자녀들과 함께 할 수 있는 여가활동을 적극적으로 실천해야 한다. 교회는 이와 같은 교육이 가정에서 실천되도록 부모들을 대상으로 교육을 할 뿐 아니라 교회가 실시할 프로그램과 교재를 제공해야 한다. 또한 가족 치유를 위해 교회는 가족이 함께 참여하는 수련회 등 공동체 훈련도 실천해야 한다. 이 과정을 통해 부모와 자녀가 소통하고, 그 원인을 리더가 발견하여 적절한 대안을 제시해 주어야 한다.

3. 코이노니아를 통한 방안

코이노니아(κοινωνία)는 '공동', '협력', '동료 의식', '참석', '상호 교류', '교통', '교제', '분배', '자선'의 의미를 갖고 있다. [45] 철이 철을 날카롭게 하는 것 같이 사람이 그의 친구의 얼굴을 빛나게 하느니라(잠 27:17). 김진호는 제자가 다른 제자들과 영적인 목적을 가지고 코이노니아하기 위한 실제적인 방안으로 '서로 고백하라', '서로 용서하라', '서로 짐을 지라', '서로 죄를 책망하라', '서로 회복시키라', '서로 돌아보라', '서로 사랑하라', '서로 권하라', '서로 덕을 세우라', '서로 가르치라'고 하였다. [46] 이처럼 제자들의 코이노니아는 개인적으로 친밀한 관계를 유지하는 것이 목적이 아니며, 영적 성장을 통해 예수 그리스도와의 친밀한 관계를 유지하여 영적 아이에서 성인으로 자라도록 하는 데 그 목적이 있다. 교회 안에 다양한 모임들을 통해 여러 겹의 그물을 치고 성도들로 하여금 빠져나가지 못하도록 한다는 것은 그 말 자체로도 부끄러운 일이다. 코이노니아를 통하여 각 지체들이 장성하게 되면 다른 지체들의 연약함을 감당해 주고, 약점을 보완해 주면서 예수 그리스도 안에서 세워지도록 돕는 것이며, 이는 곧 자신의 성장과 성숙을 이루게 한다. 교회는 공동체이기 때문에 지체인 그리스도인들은 한 몸이라는 인식을 분명히 해야 한다. 모

---

45) 조두만, 『히브리어・헬라어・한글대사전』(서울: 성지사, 1987), 478.

46) 김진호, 『예배와 삶』(서울: 두란노, 1994), 221-22.

든 그리스도인들은 우주적 교회 인식이 분명해야 한다.

그러나 현대 그리스도인들은 공동체 인식이 분명하지 못한 것으로 여겨진다. 사회의 개인주의 팽배로 인해 교회에서도 익명성을 보장받고 싶어 하고 주일에 예배 시간만 참여하는 것으로 신앙생활을 영위하고 있다. 이런 결과는 사이버 중독에 더 취약할 가능성이 높다. 또한 이런 사고가 지속된다면 그 공동체는 본질에서 벗어나거나, 공동체가 분열되거나, 외부로부터 공격에 패배하거나, 지체들이 제 기능을 발휘하지 못하는 결과를 초래하게 된다. 그러므로 제자들은 자신은 물론 다른 지체들의 건강한 성장을 위하여 예수 그리스도와 바울처럼 기도하며 다른 그리스도인들과 코이노니아를 힘써야 한다.

특히 한국 교회는 수평적 코이노니아가 수직적 코이노니아보다 취약하다. 그러므로 어린이부터 청소년들에게 예수 그리스도의 희생적인 사랑에 근거하여 서로의 필요를 채워주고(롬 12:13; 고전 10:24), 서로를 위해 기도하는(갈 6:2; 살전 5:12-13) 섬김을 실천 하도록 해야 한다. 교회는 단순히 친밀한 모임이 아니라 서로를 세우는 섬김이 지속되도록 다양한 장을 마련해 주고, 어린이부터 장년에 이르기까지 코이노니아를 지속할 수 있도록 해야 한다.

4. 복음 전파를 통한 방안

유무형 교회가 존재하는 목적은 복음 전파라고 할 수 있다. 예수께서는 잃어버린 자를 찾아 구원하려 오셨다(눅 19:10). 유무형 교회는 전도를 우선순위로 감당해야 할 사명이다. 그러나 대부분의 제자들이 전도의 사명을 깨닫지 못하거나, 깨달았어도 가장 어려운 일로 생각하고 포기하는 경우가 너무 많다. 그러나 전도는 복음을 전하는 것이다. 전도는 본질상 진노 가운데 사는 죄인의 회개(마 4:17)를 통하여 사랑의 자녀가 되게 하는 것이다. 전도는 어둠의 자녀를 빛의 자녀로 만드는 일이다(요 1:12-13). 전도는 예수 그리스도의 제자로 살아가게 하는 것이다(마 18:19).

전도가 교회의 양적 성장을 위한 수단으로 여겨지고 있기도 하다. 그래서 일부 그리스도인들은 전도하면서 교회 시설이나 프로그램을 자랑하거나 목회자의 인지도를 자랑하는 경우가 있다. 그러나 복음 전도는 성령의 권능을 받아 예수 그리스도의 구속의 십자가의 복음을 죄인에게 전하여, 회개하고 예수 그리스도를 주인으로 영접하여 제자로서 증인의 삶을 살도록 하게 하는 것이다. 한국교회는 지나칠 정도로 출석하는 교회에 등록하도록 할 때 전도하는 것으로 인정하는 경우가 많다. 그 결과 많은 그리스도인들이 전도를 포기하는 경우가 발생하여 특수한 사람들만 전도하는 것으로 오인하기까지 하는 상황이다.

어려서부터 전도에 대한 바른 이해를 갖도록 해야 한다. 어려서부터 복음 전파의 사명을 감당하게 되면 자연스럽게 친구들을 전도 대상자로 보는 시각이 생긴다. 만나는 자들이 전도 대상자로 보일 때 인격적인 코이노니아 이루어진다. 그 결과 전도의 열매는 물론 전도 자체가 성령 충만한 삶을 살게 된다. 성령 충만한 삶은 분명한 가치관을 갖고 미래지향적으로 살아갈 수 있기 때문에 사이버 중독에 예방의 효과가 될 수 있다. 교회는 또한 전도자들이 다양한 접촉점을 가질 수 있도록 공간과 프로그램을 제공할 필요가 있다. 교회의 다양한 계층이 전도 대상자들과 함께 할 수 있는 문화 공간, 음악, 스포츠 등을 통해 자연스럽게 접촉할 수 있도록 재정적 후원도 필요하다.

5. 디아코니아를 통한 방안

디아코노니아(διακονία)는 종으로서 '시중', 상징적(자선적)으로 '도움', 공무상의 '봉사', 기독교인 '선생', 혹은 '집사직', '직무', '봉사'의 의미를 갖고 있다. 하나님은 구약 성경에서부터 당시 어려움을 겪고 있던 객과 고아와 과부들을 섬길 것을 명령하셨다. 안식일과 안식년을 비롯하여 희년에 대한 규례도 사랑의 섬김을 분명하게 드러내고 있다. 하나님께서는 출애굽한 이스라엘 백성들에게 새 언약의 백성으로서 삶의 방향성을 분명하게 제시하신 것이다. 예수께서도 이웃을 내 몸과 같이 사랑하라고 하셨다. 하나님을 사랑하고 이웃을 사랑하도록 가르치던 율법사가 내가 사랑으로 섬겨야 할 이웃이 누구냐고 질문할 때 분명하게 선언하셨다. 당시 율법사들은 이방인은 물론이요 유대인이라고 해도 다른 파에 속한 자들을 적대적으로 대하고 가르쳤다. 그에게 예수 그리스도께서는 강도 만난 자의 이웃이 된 선한 사마리아 사람과 같이 너도 가서 사랑을 실천하고 가르치기를 바라며 말씀하셨다(눅 10:25-37). 그러므로 교회는 어린이 시절부터 어려움을 겪고 있는 이들은 물론 이웃을 내 몸과 같이 사랑을 실천하는 삶을 추구하도록 해야 한다.

　오늘도 우리 주변에 각종 강도를 만난 이웃들이 낙심과 좌절과 불안과 공포 속에 살아가고 있다. 그들은 사이버에 중독될 가능성이 매우 높다. 그리스도인은 어려서부터 이런 자들에게 선한 이웃이 되도록 해야 한다. 주변에 발을 씻겨주어야 할 이웃, 상처에 포도주와 기름을 붓고 싸매 주어야 할 이웃을 찾아가 사랑을 실천하도록 해야 한다. 사람이 사는 곳에 아직도 목말라하는 이웃, 헐벗은 이웃, 굶주리고 있는 이웃, 병든 이웃, 감옥에 갇힌 이웃들이 많기 때문이다. 특히 교회는 어린이들을 섬기는 사역에 관심을 갖고 기관을 설립하고 시설을 운영하여야 한다. 지역 교회는 어린이들을 위한 시설을 비영리를 목적으로 할 뿐 아니라 교회의 본질적인 기능이라는 사명감을 가지고 재정적인 지원을 통해 어려서부터 신앙 안에서 성장하도록 디아코니아를 실천해야 한다. 또한 교회는 청소년들을 위하여 개인 방송 시설, 쉼터, 문화 공간, 운동시설 등을 설립하여 운영하거나 적극적으로 후원해야 한다. 이를 통해 청소년들이 하나님을 만나고 비전을 품고 살아갈 수 있도록 할 때 사이버 중독에 대한 예방은 물론 치유에도 기여할 것으로 기대할 수 있다. 더 나아가 상담소 개설도 필요하다. 교회 주변에 다양한 어려움에 있는 이웃들이 쉽게 교회 상담소를 찾아올 수 있도록 해야 한다. 교회가 다양한 중독으로 어려움을 겪고 있는 지역사회 주민들이 회복되도록 섬기는 가운데 특히 사이버 중독 전문가를 통한 상담이 진행되도록 할 필요성이 있다. 현대 사회는 모든 계층이 사이버 공간에서 다양한 삶을 추구하고 있기 때문이다.

V. 나가는 말

중독문제는 우울증이나 불안, 각종 다양한 신체적 질병, 자살, 별거, 이혼, 가정폭력, 가족관계 해체, 경제적 파산, 생산성 저하 등의 사회문제를 유발한다. 중독문제의 심각성으로 인해 최근 정부에서는 중독문제에 많은 관심을 가지고 대처하려는 정책들을 내놓고 있다. 정부의 이러한 노력에도 불구하고 중독문제와 관련한 전문가 양성은 미흡하여 이를 효율적으로 뒷받침할 인력이 부족한 상태이다. 특히 기독교적인 사이버 중독의 역할은 현대 사회의 목회 현장에서 중요하게 평가되는 실천신학의 한 분야로 자리 잡아야 한다.

본 연구는 사이버 중독에 대한 실천신학적 접근으로 문헌 연구로 시작되었다. 현대 사회는 청소년들이 지나친 경쟁의식 속에서 육 혼 영이 피폐 해져가고 있다. 이제 교회 공동체는 미디어 중독으로 어려움을 겪고 있는 청소년들을 적극적으로 수용해주어야 한다.[47] 수용은 청소년들로 하여금 하나님 아버지의 사랑을 체험하는 기회가 되기 때문이다. 사이버 공간에서 위로와 평안을 얻고 있는 청소년들에게 이제는 교회에서 치유를 받고 회복되어 하나님과 영적 코이노니아에 이르도록 해야 한다. 가정과 교회에서 문제아 취급을 당하는 사이버 중독자들이 교회에서 수용을 경험하게 되면 이들은 사이버 중독으로부터 극복하여보다 성숙한 그리스도인으로 성장하게 될 것으로 기대하며 다음과 같이 제언한다.

첫째, 사이버 중독에 대한 신학적인 연구가 필요하다. 사이버 중독에 대한 문제를 상담학에 의존해서는 안 되며, 목회적 접근이 필요하기 때문이다. 둘째, 사이버 중독 예방과 회복에 대한 교육 교재가 개발에 대한 연구가 필요하다. 교회는 성경 공부를 목적으로 하는

---

47) 정연득, "종교중독에 대한 목회신학적 대응: 정신분석학과 몸의 신학의 관점에서," 「신학과 실천」 26(2011), 73.

다양한 교재 개발에 인적, 물적 자원을 투자하고 있다. 이제는 사이버 중독 교재 개발에 대한 참여가 필요하다. 셋째, 사이버 중독 예방과 회복에 대한 프로그램 개발에 대한 연구가 필요하다. 사이버 중독은 한 개인의 문제가 아니라 가정과 교회 등 공동체의 문제이기 때문에 가족과 교회 공동체가 함께 할 수 있는 프로그램 개발이 시급한 것으로 여겨진다.

종교에 관계없이 사이버 중독이 증가하고 있는 상황에서 기독교인도 예외가 될 수 없다. 열심히 신앙생활을 하고 있다는 기독교인 가운데서도 교회에서 신앙을 통한 문제해결이나 스트레스 해소, 심리적 안정을 찾는 것이 아니라 게임을 통해 긍정적인 정서 경험을 하려고 하는 상황이다.[48] 그러므로 늦었지만 교회는 사이버 중독에 대한 실천신학적 접근이 필요한 시점이라고 할 수 있다.

---

48) 김영수, "게임 중독과 개신교인들의 영성생활과의 상관관계에 대한 연구," 「신학과 실천」 77(2021), 245.

참고문헌

권선중·김교헌·이홍석. "아동의 컴퓨터 게임 중독과 신체 증상:
불안의 매개효과."「조사연구」6(2005), 39-50.

권재원.『컴퓨터 게임 중독증의 이해와 치료』. 파주: 한국학술정
보, 2007.

공마리아·최은영. "성인 남성의 성몰입, 공격성 및 적대감, 철회에
관한 연구: 성범죄, 일반 범죄, 일반 성인 집단간 비교를 중
심으로."「美術治療硏究」22(2015), 819-36.

김난도 외 8인.『트렌드 코리아 2021』. 서울: 미래의창, 2020.

김상철 외 4인.『중독 A to Z』. 과천: 넥스트세대, 2019.

김세광. "한국교회 예배유형의 다변화에 따른 대안적 모색: 중소형
교회를 위한 세대 통합예배의 필요성과 가능성."「신학과
실천」15(2008), 11-38.

김영수. "게임 중독과 개신교인들의 영성생활과의 상관관계에 대
한 연구."「신학과 실천」77(2021), 241-64.

김영희. "알코올중독방지협회(A.A.)의 역사를 통해 얻은 목회상담
학의 교훈: 치유법에 초점을 맞추어."「ACTS 신학저널」
30(2016), 11-53.

김혜진·하은혜. "ADHD, ADHD 및 정서장애 공존집단, 정서장
애 집단 간 인지기능과 문제 행동의 차이: 아동복지시설 아

동·청소년을 대상으로.”「놀이치료연구」23(2020), 379-95.

노석준·이동훈·김인숙·송연주. “전문계열 고등학생의 ADHD, 우울, 불안이 인터넷 중독에 미치는 영향.”「아시아교육연구」12(2011), 25-53.

문희경. “청소년 인터넷중독에 대한 목회상담적 대응.”「신학지남」78(2011), 282-03.

박향숙. “신생 성인기를 위한 기독교신앙교육.”「기독교교육논총」37(2014), 295-23.

반신환. “경계선 성격장애에 대한 변증법적 행동치료와 기독교 상담.”「신학과 실천」23(2010), 317-40.

배미라. “청소년기 우울과 부정적 사고에 대한 기독교 상담적 고찰.”「신학과 실천」67(2019), 419-43.

소현하·한유진. “초기 청소년의 인터넷 중독, 대인 불안 및 자기 통제가 메신저 몰입에서 미치는 영향.”「한국가정관리학회지」28(2010), 181-92.

원호택.『이상심리학』. 서울: 법문사, 2001.

오원석 외 3인.『디지털 중독의 이해와 대응 방안』. 서울: 집문당, 2018.

오윤선.『청소년의 이해와 상담』. 서울: 예영, 2006.

윤주영 외 5인. “대학생의 스마트폰 중독과 건강문제.”「국가위기관리학보」3(2011), 92-104.

전요섭. "범불안장애극복을 위한 '상반행동강화'의 기독교상담적
　　　적용." 「신학과 실천」 56(2017), 443-69.

전요섭. "상담적 설교의 심리학적 접근." 「신학과 실천」 59(2018),
　　　95-122.

전형준. 『성경적 상담학』. 서울: 도서출판 대서. 2016.

정　민. "중학생의 스마트폰 중독에 영향을 미치는 변인 간의 구
　　　조적 관계: 생태계적 관점을 중심으로." 「한국청소년연구」
　　　26(2015), 103-31.

정연득. "종교중독에 대한 목회신학적 대응: 정신분석학과 몸의 신
　　　학의 관점에서." 「신학과 실천」 26(2011), 45-78.

정정숙. 『기독교 교육학』. 서울: 도서출판 베다니, 2000.

조두만. 『히브리어·헬라어·한글대사전』. 서울: 성지사, 1987.

최삼욱. 『행위중독』. 서울: 눈출판그룹, 2017.

Carr, Wesley. *The New Dictionary of Pastoral Studies*. Grand
　　　Rapids: Wm. B. Eerdmans Publishing Company, 2002.

Koops, Robert/ 권성달 역. 『성서 속의 식물들』. 서울: 대한성서
　　　공회, 2015.

Litchfield, Bruce. & Litchfield, Nellie/ 정성준 역. 『기독교 상담과
　　　가족치료 IV』. 서울: 예수전도단, 2010.

Mesle, Robert C. *Process Theology: A Basic Introduction*. St.
　　　Louis: Chalice Press, 1993.

Michael, Grudds F. 박찬영 역.『중독에서 자유로워지려면』. 서울: 샘솟는기쁨, 2021.

Nakken, Craig. 오혜경 역.『중독의 심리학』. 서울: 서울: 웅진지식하우스, 2008.

Sarason, Irwin G. & Sarason Barbara R/ 김은정·김향구·황순택 역.『이상심리학』. 서울: 학지사, 2003.

Sullivan, Harry S. Perry, Helen S. & Gawel, Mary L. *The Interpersonal Theory of Psychiatry*. Oxon: Routledge, 2001.

Welch, Edward T/ 김 준 역.『중독의 성경적 이해』. 서울: 국제제자훈련원, 2013.

White, William L. *Slaying the Dragon*. Bloomington. IL: Chestnut Health Systems, 1998.

PART 2
스마트폰 중독 체계 원인에 따른 목회적 방안

Ⅰ. 들어가는 말

2009년 스마트폰이 도입된 이래 가입자 수는 2018년 5천만 명 돌파로 국민 1인 1 스마트폰 시대가 되었다. 스마트폰은 일상생활을 편리하게 하고 있지만, 다른 측면에서는 이에 대한 의존과 중독으로 개인 내면의 심리 문제와 대인 소통, 그리고 인터넷 중독 및 조직 내에서 업무 효율 문제 등 부정적 결과도 초래하고 있는 것이 사실이다. 이처럼 스마트폰 사용은 장단점이 공존하기에 스마트폰의 적절한 사용 수준에 대한 논의가 불가피할 수밖에 없는 것이다.[1] 최근 발표된 〈디지털미디어 과다 사용 실태 대국민 인식조사〉에 따르면, 코로나19 이후 스마트폰 과다 사용은 2배 이상 증가하고 있는 것으로 나타났다. 〈디지털미디어 과다 사용과 건강 포럼〉에 의하면, 1일 평균 4시간 이상 스마트폰을 사용하는 그룹은 코로나19 이전 38%에서 코로나19 이후 63.6%로 증가하였다. 또한 4시간 이상 스크린 타임을 통해 학습 목적 외 오락, 여가 목적 영상 이용을 하는 그룹도 코로나19 이전 22.5%에서 코로나19 이후 46.8%

---

1) 김혁진 외 2인, 『스마트폰 중독의 심리분석』 (서울: 지식과 감성, 2020), 8.

로 증가한 것으로 나타났다. 특히 스마트폰 과다 의존, SNS 중독, 게임 장애 등을 가지고 있는 고위험군은 근골격계 질환, 안과 질환, 충동성, 우울증 등 문제가 발생하는 비율이 증가한 것으로 보고되었다.[2]

스마트폰 중독은 행위중독 개념으로 분류되고, 스마트폰에 지나치게 집착하고 의존함으로 금단과 내성을 지니고, 가상 세계를 지향하여 일상생활에 부정적 영향을 주는 병리적 상태라고 보았다. 최근 연구는 스마트폰 중독과 과의존의 심각성을 인식함으로써 이에 따른 연구가 증가하고 있는 것은 고무적이나, 목회적 접근에서 스마트폰 중독과 실천 신학적 연구들이 매우 미미한 것은 안타까운 일로서,[3] 본 연구는 스마트폰 중독에 관한 기존의 연구를 고찰했으나 목회적 접근을 주제로 한 연구가 찾기가 쉽지 않아 연구자들의 주관화된 견해를 최대한 객관화 하려는데 노력을 통해 스마트폰 중독 체계 원인에 따른 목회적 방안을 제안하고자 한다.

---

2) 김지연, "스마트폰 중독, 점점 심해지고 있다," 「케미컬뉴스」, (2021. 10. 29.).

3) 박미라, "스마트폰 중독 상담의 기독교적 담론지형과 쟁점연구," 「신학과 실천」 79(2022), 368-69.

II. 이론적 배경

1990년대까지 중독이란 용어는 일반적으로 알코올, 니코틴, 코카인 등 물질에 적용되는 개념이었다. 그러나 2000년대 이후, 학자들은 쇼핑, 일, 섹스 등과 같은 특정 행위에서도 물질 중독과 유사한 중독의 양상을 보인다는 점을 발견하여 이를 행위중독으로 분류하였다.[4] 따라서 과도한 스마트폰 사용으로 일상생활뿐 아니라 직장생활, 학교생활에서 직무수행과 자신감 상실, 그리고 조직 생활 전체의 목표 달성을 어렵게 만드는 스마트폰 중독의 이론적 배경에 대하여 살펴보고자 한다.

1. 스마트폰 중독의 개념

미국 정신의학회는 물질을 사용하지 않은 상태에서도 반복으로 인한 과도한 부정적인 행동 상태를 나타내 보이는 것을 중독이라고 주장하며, 물질 관련 및 중

---

4) 곽호완, 『사이버 심리와 인터넷, 스마트폰 중독』 (서울: 시그마프레스, 2017), 171-72.

독 장애의 범주로 분류하였다.[5] 중독은 인간에게 일시적으로 즐거움과 만족을 주기도 하지만 과도해질 때 삶의 질을 손상케 하는 등 다양한 종류의 활동 현상이 나타난다고 가정했다. 이와 같은 활동에는 지금까지 전문가들의 주장과 같이 약물, 혹은 물질 사용뿐 아니라 성, 쇼핑, 운동, 섭식, 인터넷 사용, 도박, 스마트폰 사용 등도 포함된다. 중독이란 중독의 대상에 따라 물질 중독과 행위중독으로 나뉜다.[6]

물질 중독은 인간의 육체 안에 섭취된 화학 물질들에 대한 중독이다. 알코올과 니코틴, 그리고 마약, 기타 약물에 대한 중독이 이러한 유형에 속한다. 이 화학물질들은 뇌에 영향을 끼쳐 대개 인간의 생각을 변화시키고 기분을 전환 시킬 뿐 아니라, 최종적으로 중독적 행동으로 변화시켜 육체와 정신이 의존하는 데까지 이르게 한다.[7] 스마트폰 과 의존과 과 몰입은 스마트폰을 과도하게 사용하여 일상에서 스마트폰이 우선시되어 이용 조절이 감소 또는 통제가 완전히 상실되어 신체, 심리,

---

5) American Psychiatric Association, *Diagnostic And Statistical Manual of Mental Disorder 5nd ed* (Washington: APA, 2000), s.v.

6) 박상규·강성군,『중독의 이해와 상담 실제』(서울: 학지사, 2009), 15.

7) 최삼욱,『행위중독』(서울: 눈출판그룹, 2017), 31.

사회적 문제를 겪는 상태로 정의되었다.[8] 스마트폰을 사용하는 행위로 스마트폰 중독의 개념에 대한 분류는 4가지로 다음과 같다.

첫째, 스마트폰 App 중독이다. 최근 스마트폰 이용자 수의 급증과 더불어 앱의 수도 빠르게 늘어나는 추세이다. 2013년 1월 7일 기준으로 애플의 앱스토어에 총 77만 5,000개 이상의 앱이 등록되어 있다. 안드로이드 운영체제 앱의 경우는 2013년 7월 24일을 기준으로 앱 수가 총 100만 개를 돌파하였다. 스마트폰 중독은 한국정보화진흥원은 스마트폰 과다 사용에 따른 금단과 내성을 지니며, 그 결과 일상생활 장애가 유발되는 것이라고 정의했다. 이러한 스마트폰 중독에 관한 연구는 비교적 많이 연구되어왔다.[9] 김영주, 정재민, 이은주는 애플리케이션 기능에 따라 6가지 유형으로 SNS, 메신저를 포함한 '커뮤니케이션', 날씨, 달력, 알람, 일정 관리 등을 포함하여 '생산성', 게임, 사진, 음악, 동영상 등 재미와 흥미를 주는 포함한 '오락', 뉴스, 생활정보, 교

---

8) 배성만, "스마트폰 사용유형과 스마트폰에 대한 과도한 기대가 청소년의 스마트폰에 과 의존에 미치는 영향," 「정보화정책」 25(2018), 65-83.

9) 홍성혁 외 3인, "교류분석이론의 이고그램 성격특성에 따른 스마트폰 활용 및 중독 경향," 「예술인문사회 융합 멀티미디어 논문지」 8(2018), 567.

육, e-book을 포함한 '뉴스 정보', 내비게이션, 길 찾기 등 '위치기반 서비스', 예약, 은행, 쇼핑 등 '상거래'로 구분하였다.[10] 이처럼 스마트폰 중독은 기존 인터넷 중독보다 접근성이 뛰어나 다양한 앱과 콘텐츠 증가로 흥미를 지속시키는 면이 강하고, SNS 증가로 스마트폰 중독 심각성이 대두되고 있다. 스마트폰 중독은 이전의 휴대전화 중독과 다른 예방 및 개선 교육프로그램이 필요할 것이다.

둘째, 스마트폰 SNS 중독이다. 최근 10여 년간 인터넷 네트워크 발달과 스마트폰 보급 확산으로 SNS 이용량이 급격하게 늘어났다. 한국인터넷진흥원은 SNS를 '인터넷상에서 동료, 친구 등 지인들과 인간관계를 강화하거나 새로운 인맥 형성을 통하여 폭넓게 인적 네트워크를 형성할 수 있도록 해주는 서비스'로 정의하였다. 국내에서 SNS는 2001년 미니홈페이지 싸이 월드 서비스를 시작으로, 미투데이, 페이스북, 트위터 등으로 이어졌다. 최근에는 스마트폰을 활용한 SNS가 다양하게 등장하였고 주로 사진만을 공유하는 인스타 그램, 동영상을 공유하는 유튜브 등 특정 미디어만 공유하는 SNS

---

10) 김영주 외 2인, "스마트폰 애플리케이션의 채택과 이용," 「한국언론학보」 55(2011), 227-52.

도 나타나고 있다. 한국인터넷진흥원에 따르면, 20대가 많이 사용하는 SNS는 페이스북(81.8%), 카카오스토리(64.5%)와 인스타 그램(36.9%) 순으로 나타나고 있다. 실제로 SNS를 이용하는 원인은 친교, 혹은 교제를 위해 84.0%로 가장 높았고, 여가 활동, 취미 등 개인적 관심사 공유를 위해서 49.1%, 타인이 게시한 콘텐츠를 살펴보기 위해 45.1%, 정보나 지식, 사건 사고 등을 공유하기 위해 41.1% 등 이었고, 74.0%는 SNS를 통해 최신 정보를 가장 빠르게 얻을 수 있다고 응답하였으며, 62.9%는 기존 알고 있던 지인들과 관계가 개선이라고 응답하였다.[11] 이처럼 SNS의 긍정적이고 폭넓은 순기능에 불구하고 부정확한 정보 확산, 스트레스나 사생활 노출 염려, 메시지와 댓글에 응답해야 하는 부담감, 온몸에 나타나는 통증과 이상 신체 증상, 다른 사람과 생활을 비교하며 오는 스트레스 등 정신건강 문제, 정보 유출로 사기나 해킹 협박 등에 악용될 수 있는 범죄 연관성 등 SNS 역기능도 우려되고 있다.[12]

셋째, 스마트폰 게임중독이다. 게임중독 연구가 활

---

11) 한국인터넷진흥원, 『2018 인터넷이용실태조사』 (서울: 과학기술정보통신부, 2019), 37.

12) 송혜진 · 오세연, "대학생의 MSNS(Mobile Social Network Service) 중독에 관한 연구," 「사회과학연구」 20(2013), 56-82.

발히 이루어지기 시작된 것은 인터넷 중독의 하위유형 중 하나인 인터넷 게임 중독에서 시작되었다. 스마트폰 게임의 경우, 복잡한 키보드 조작법과 달리 터치스크린 형식의 쉬운 조작으로 게임의 편리성을 주며, 스마트폰은 손안의 PC로 언제, 어디서든 게임을 이용할 수 있고, 게임회사로부터 받게 되는 게임 푸쉬(push) 기능을 통해 게임에 계속 집착하게 된다는 점에서 인터넷 게임 중독과 개념 정의가 다르다는 것을 알 수 있다. 스마트폰 게임중독이란 과도한 이용과 몰입으로 자기 통제가 되지 않으며 일상생활에 장애가 나타나며, 스마트폰으로 게임을 수시로 확인하지 않으면 심각한 심리적 불안감을 느끼는 상태이다. 아직 까지는 게임중독 고위험군과 잠재적 위험군이 스마트폰 게임보다는 온라인 게임에서 많이 나타나고 있지만 게임을 이용하는 이용자 수가 스마트폰이 더 증가하고 있기 때문에 스마트폰 게임 중독군 또한 높아질 수 있는 여지가 있으므로, 스마트폰 게임중독에 관한 연구가 필요할 것이다. [13] 〈한국 콘텐츠 2020 게임이용자실태조사〉에 따르면, 게임은 모든 국민의 약 70%가 참여할 정도로 보편적 취미

---

13) 박성민, "대학생의 스마트폰 게임중독에 영향을 미치는 요인 분석: 회복탄력성의 매개효과를 중심으로," (명지대학교 대학원 박사학위 논문, 2017), 13, 17.

활동이 되었다.[14] 이런 결과로 게임중독 연구는 다 각도로 진행되고 있는데, 종교와 관련성 속에서 많이 다루어지지 않았다.[15] 국내에서 2010년 이후부터 종교가 인터넷 중독에 어떤 영향을 끼치고 있는지 연구와 게임에서 종교적 요소들이 어떻게 사용되었는지 연구들이 나오기 시작하였다.[16]

넷째, 스마트폰 숏폼 동영상 중독이다. 숏폼 동영상은 소비 패턴의 중요한 흐름으로 자리 잡았다. 숏폼 동영상은 언제 어디서나 즐길 수 있고, 짧고 간단하여 MZ세대를 중심으로 효율적인 콘텐츠 소비 추구 방식에 따라 빠르게 확산하였다.[17] 숏폼 동영상 콘텐츠는 문자, 음성, 그림, 영상과 같은 다양한 내용을 전달 형식을 가지고 있어 사람들의 지각에 영향을 준다. 또한 그 자체의 상호 인터랙티브성, 대량의 정보, 강한 오락성 등으로 많은 이용자를 확보했다. 2013년 국제전기통신연합(ITU, International Telecommunication Union)에서 디지털시대에

---

14) 한국콘텐츠진흥원, op. cit., 6.

15) 박찬일, "게임의 장르별 재미 요소," 「한국콘텐츠학회논문지」 7(2007), 28.

16) 윤일홍, "종교성과 낮은 자기 통제력이 인터넷 게임중독에 미치는 영향 연구," 「한국범죄학」 10(2016), 93-130.

17) 한 정 외 3인, "중장년층 모바일 숏폼 동영상 과다 사용 행위의 영향 요인 연구," 「한국융합학회논문지」 13(2022), 174.

태어나고 매일 정보통신기술과 함께 성장한 청소년들을 "디지털 원주민"이라 부르며, 이 계층을 "18~25세 사이 5년 및 그 이상의 인터넷 사용 경험이 있는 네트워크 청년"이라고 구분하였다. 1995년 이후 출생하고 인터넷과 함께 성장하여 현재 대학생 청소년은 인터넷 정보시대 가장 적극적이고 가장 활발한 사용자 그룹이다. 페이스북 중독과 마찬가지로 숏폼 동영상 콘텐츠 중독도 인터넷 중독의 한 부류에 속한다. 이와 같은 의견을 살펴볼 때, 숏폼 동영상 콘텐츠도 기술 중독의 한 종류라고 할 수 있다. 새로운 기술의 추동 아래, 사용자들은 숏폼 동영상 콘텐츠 사용으로 더욱 쉽게 개인적 욕구를 만족시킬 수 있다. 그러나 과도한 사용 행위는 행위중독과 기술 중독을 유발한다. 동시에 숏폼 동영상에 따른 콘텐츠 중독은 인터넷 중독과 스마트폰 중독, 그리고 소셜미디어 중독과 유사한 특징을 가지고 있기에, 중독 유형에 포함해도 무방할 것이다. [18]

---

18) 왕 요, "중국 청소년의 스마트폰 중독요인에 관한 연구: 숏폼 동영상 콘텐츠를 중심으로," (동의대학교 대학원 박사학위 논문, 2020), 27, 31-32.

2. 스마트폰 중독의 특징과 동기

스마트폰 중독의 특징은 크게 3가지 요소로서 갈망과 자기 조절력 상실, 그리고 부정적 결과로 구성된다. 첫째, 중독자는 중독 물질이나 행동에 대한 강한 갈망을 갖고 강박적으로 중독 물질을 섭취하거나 중독 행위를 한다. 스마트폰 중독자는 스마트폰 사용을 제한하거나 불가능한 상황에 놓일 때 사용하고자 하는 강한 충동과 갈망을 느끼고, 강박적으로 다시 스마트폰을 사용한다. 둘째, 중독자는 자기의 행동을 조절한 자기 조절력을 상실하여 중독 행위를 멈추려고 하지만 실패하고, 다시 중독 행위를 한다. 스마트폰 중독 경향을 분석하여 개발한 스마트폰 중독 척도의 내용 중에도 스마트폰 사용 시간을 줄이려고 해보았지만 실패한다는 것이다. 이는 스마트폰 중독 또한 타 중독처럼 자기 조절력이 사실 주요 특성임을 보여준다.[19] 셋째, 중독자는 스스로 중독의 부정적인 결과를 인지하는데도 계속 중독 물질을 섭취한다.[20] 스마트폰 중독의 특징은 일상생활 장애와 가상 세계 지향성, 그리고 금단과 내성이 지목

19) 한국정보화진흥원, 『스마트폰 중독 진단 척도 개발 연구』 (서울: 한국정보화문 화진흥원 미디어중독대응부, 2011), 29-36.

20) 조근호 외 11인, 『중독재활 총론』 (서울: 학지사, 2011), 59.

되었다. 스마트폰을 이용하는 다양한 동기 중 중독을
일으키는 데 결정적 역할의 동기는 정보 탐색, 즐거움
과 여가, 대인관계, 정서 조절 및 도피, 그리고 과다한
자기표현 동기이다.

스마트폰 중독을 촉진 시킬 수 있는 동기는 첫째, 정
보를 탐색하기 위해 과다하게 스마트폰을 사용 경우 중
독으로 이어질 수 있다. 인터넷을 오랜 시간 자주 사용
하며, 온라인으로 정보를 찾는 것에 익숙한 사람들은
인터넷 의존도가 현저하게 높아지기 때문이다. 둘째,
즐거움과 여가를 위한 스마트폰 사용도 중독으로 이어
진다. 스마트폰 사용자가 경험하는 즐거움은 스마트폰
의 몰입을 증진 시키고, 강한 습관으로 발전시켜 중독
으로 발전될 가능성을 높인다. 인터넷상에서 느끼는 재
미, 흥미, 즐거움은 몰입과 높은 정적 상관이 있으며, 동
시 몰입의 결과로도 나타난다. 특별한 생산적 목적 없
이 자유 시간을 보내는 경우, 스마트폰을 사용할 때 중
독될 위험성이 높다. 이렇게 정서 조절과 도피를 위해
사용할 때 스마트폰은 중독으로 발전하게 될 것이다.
셋째, 자기표현을 목적으로 스마트폰을 사용할 때 중독
으로 발전된다. 물론 페이스북과 같이 자기를 노출할
수 있는 미디어의 발달은 자기의 모습과 생활을 온라인

상에 드러내는 자기선전을 용이하게 만들었다. 실시간
으로 자기표현이 가능해진 SNS 기능으로 표현의 욕구
가 더욱 증가하였다. 무엇보다 스마트폰 사용자는 온라
인에서 인기 있다는 느낌을 통해 자기 효능감이 증진되
기 때문에 온라인에서 자기 노출과 인기 관리에 집중한
다. 그러나 자기표현을 위해 인터넷 사용 경우에 스마
트폰 중독의 위험성이 높다. 정보 탐색, 즐거움 및 여가
추구, 대인관계 지향성, 정서 조절 및 도피 그리고 자기
선전을 위해 스마트폰을 과도하게 사용할 때 중독으로
발전될 위험성이 높다.[21]

3. 스마트폰 중독의 문제점

스마트폰은 PC와 다르게 이동과 휴대가 편리한 장점
을 바탕으로 인터넷을 통한 다양한 기능을 제공받아 일
상생활을 효율적으로 운영할 수 있는 기능을 한다. 스
마트폰은 기기적 편리성뿐 아니라 디지털 매체를 통해
스마트폰으로 제공되는 콘텐츠의 중독적 특성으로 인
해 사용자의 심각한 의존을 유발할 수 있다. 현대사회

---

21) 심정연, "기독 청소년의 스마트폰 중독에 영향을 미치는 기독교 영성
　　의 역동성: 한국판 단축형 하나님 이미지 척도를 기반으로," (총신대
　　학교 일반대학원 박사학위 논문, 2016), 20-23.

는 첨단 과학기술 발달로 혁신적인 발전을 이루었으나, 그 결과 다양한 사상적 혼돈과 미래에 대한 불확실성과 불안에 직면하고 있다.[22]

따라서 스마트폰 중독의 문제점은 다음과 같다. 첫째, 육체 건강의 문제이다. 스마트폰 중독에 빠지면 일단 육체적으로 무리가 온다. 수면 사이클에 문제가 생겨서 자주 피로감을 느끼고 불규칙한 식사로 영양의 불균형이 나타나 건강상 문제가 생겨나고 체형 자체도 비뚤어져 구부정한 상태가 되기 쉽다. 그 외에도 스마트폰 중독으로 인해 통증, 시력 저하, 혈압상승, 심근계도 악화될 수 있다. 둘째, 정신 건강의 문제이다. 성격의 변화, 통제력, 무망감, 집중력 저하, 자살 사고, 자기 비난, 성 의식 왜곡 등이다. 셋째, 영적 건강의 문제이다. 육체 건강과 정신적 건강, 그리고 영적 건강은 서로 연결되어 있다. 중독자들은 스스로 제어할 수 없다는 사실 때문에 수치심을 느끼거나 죄책감을 느끼기도 한다.[23] 또한 중독으로 인해 중독자들은 육체적 고통도

---

22) 김영희, "알코올중독방지협회(A.A.)의 역사를 통해 얻은 목회상담학의 교훈: 치유법에 초점을 맞추어," 「ACTS 신학저널」 30(2016), 13.

23) Mary Fukuyama & Todd Sevig, *Integrating Spirituality into Multicultural Counseling* (Thousand Oaks: Sage Publication, 1999), 17.

겪으며, 타인과 관계뿐 아니라 하나님과 관계를 방해받
기도 한다. 그러나 중독이 중독자들에게 하나님과 깊은
관계를 형성하는 기회가 되기도 한다.[24] 제럴드 메이는
중독에서 회복되는 것은 "우리가 하나님이 아님을 우리
에게 증명해 주는 것이다"라고 주장했다.[25] 즉 중독에
서 회복되는 과정에 많은 사람은 깊은 영적 경험을 하
게 된다는 것이다.

III. 스마트폰 중독의 체계 원인

　문희경은 스마트폰 중독은 한 가지 원인이 아니라 다
른 중독과 같이 다양한 차원으로 증상이 나타난다고 하
였다.[26] 물론 다양한 차원 스마트폰 중독을 예방하고 치
료하고자 그 원인을 찾아 대안을 제시하고자 하는 연구
들이 이루어져 왔다. III장에서는 스마트폰 중독에 영
향을 미치는 체계 원인을 개인적 원인, 가족적 원인, 사

---

24) 최주혜, "중독과 영성," 「신학과 실천」 47(2015), 351.

25) Gerald G. May, *Addiction and Grace* (New York: Harper and
　　Low, 1988), 20.

26) 문희경, "청소년 인터넷 중독에 대한 목회상담적 대응," 「신학지남」
　　78(2011), 288.

회적 원인, 환경적 원인, 매체적 원인으로 구분해서 고찰하고자 한다.

1. 개인적 체계 원인

스마트폰 중독에 영향을 미치는 개인적 원인은 다양하게 제시되고 있다. 스마트폰이 인터넷 통신과 정보처리가 가능하다는 점에서 인터넷 중독에 관한 연구가 관련성이 있다고 보았으며, 스마트폰 중독에 영향을 주는 개인적 요인으로 공격성, 우울, 자기 통제력을 설정할 수 있다.[27]

첫째, 공격성이다. 공격성은 학자들이나 접근 방법에 따라 다양하게 해석될 수 있다. 국어사전에서 공격성을 상대편에게 적대행동을 취하고 공격하며 파괴적 행동을 하는 성질이라고 정의하고 있으며, 전문 용어 대역 사전(실용 과학)에서 공격성을 개체나 사람을 헤치거나 고통을 주려는 물리적, 언어적 행동을 포함한 형태의 행동이나 그 경향이라고 하였다. 공격성은 타인에 상해를 가할 목적을 지닌 신체 및 언어적 행동과 위협적인 자

---

27) 김효순, "청소년기 인터넷 중독의 영향 요인에 관한 연구: 생태체계 요인의 조절 효과를 중심으로," (조선대학교 대학원 박사학위 논문, 2009), 87.

기방어 태도뿐 아니라 그런 내용을 담은 사고 및 정서까지 포함하고 있음을 알 수 있다.

둘째, 우울이다. 심리학적으로 우울이란 단순히 침울한 기분이나 슬픈 감정이 특징적으로 나타나는 것으로 시작하여 지속적인 상실감이나 무력감으로 사회에서 부적응과 극단적 선택까지 이르게 한다. 심리적 정서 장애인 우울증은 세 가지 주요한 특징을 보인다. 첫째로, 우울은 정서적 증상을 동반한다. 우울한 사람은 지속적인 슬픈 감정, 공허감, 외로움을 느끼며 흥미와 기쁨을 상실하고 인생이 허무하고 산다는 것 자체가 힘들고 괴롭게 느끼며, 슬픔이 이유 없이 지속되는데 이러한 정서는 우울증의 기본적인 정서이다. 둘째로, 우울은 인지적 증상을 동반한다. 우울한 사람은 특별한 인지적 증상을 나타내며 자기 비난과 자기 비하하며 죄의식은 물론 무가치함을 느끼고 사고력, 주의력 저하 현상이 일어난다. 또한 일상생활에서 무력감과 미래에 대한 절망을 갖는다. 셋째로, 우울은 생리적 증상을 동반한다. 우울한 사람은 정서적 증상과 더불어 불면증, 식욕 부진, 두통이나 복통 및 체중 감소, 피로감 등 생리적 증상을 호소한다. [28]

---

28) Max. Hamilton, "Rating scale for depression," *Journal of*

셋째, 자기 통제력이다. 자기 통제에 대한 정의는 학자들 견해에 차이가 있다. 자기 통제에 대한 일반적 개념은 개인의 정서나 인지 행동을 원하는 방식대로 조절할 수 있음을 의미한다. 자기통제 능력이란 목표 달성을 위해 순간의 충동적 욕구나 행동을 억제할 수 있는 능력이며, 확실하게 유혹에 저항하는 능력, 만족을 지연할 수 있는 능력, 충동을 억제할 수 있는 능력으로 구성되어 있다. 자기 통제력이 높을수록 스마트폰 중독이 유의미하게 낮음을 의미한다. 자기 통제력이 낮을수록 스마트폰 과다 사용이 높고 매체가 주는 즐거움으로 인한 사용이 높게 나타난다. 이런 결과는 자기 통제력이 스마트폰 중독에 영향을 주는 원인임을 보여주는 것이다. 우울과 스마트폰 중독은 스마트폰 과다 사용과 우울 취약성, 의존적 우울, 자기 비난성 우울, 의사소통 불안 간에 유의미한 상관으로 인한 일상 장애의 심각성을 보인다.[29]

Neurology, Neurosurgery and Psychiatry. 23(1960), 56-62.

29) 정 민, "중학생의 스마트폰 중독에 영향을 미치는 변인 간의 구조적 관계: 생태 체계적 관점으로 중심으로," 「한국청소년연구」 26(2015), 108.

2. 가족적 체계 원인

개인적 체계 원인과 함께 가족적 체계 원인도 인터넷 중독에 많은 영향을 주는 것으로 나타났다. 따라서 가족적 체계 원인으로는 부모의 양육 태도, 부모-자녀 간의 의사소통, 부모의 지지를 원인으로 다음과 같다. 첫째, 부모의 양육 태도이다. 자녀들은 부모가 자신에 대해 귀찮아하거나 관심이 없어 자기보다 사회활동을 보다 중시한다고 생각하는 경우 청소년은 특별한 통제 없이 인터넷을 사용하게 되어 중독에 빠지기 쉽다. 또한 부모가 자녀에게 과도하게 기대하거나 경쟁적인 성공을 강조하는 경우 자녀는 성취 압력에 대한 스트레스로 인터넷에 몰입할 가능성이 높다.[30] 또한 거부적인 양육 태도를 가진 부모의 자녀는 인터넷이나 스마트폰 중독에 빠질 가능성이 높다. 부모의 거부적인 양육 태도가 자녀의 현실에서 대인관계능력을 상실하게 하며 인터넷 및 스마트폰 중독에 이르게 할 수 있다. 평소 자녀에 대한 관심, 믿음 및 자녀와 대화 등을 통해 자녀의 인터넷 및 스마트폰 이용에 관한 부모의 기대가 자녀에게

---

30) 이계원, "청소년 인터넷 중독에 관한 연구," (이화여자대학교 박사학위 논문, 2001), 83.

적절히 수용될 때 자녀의 인터넷 및 스마트폰 몰입 및 중독적 사용을 효과적으로 억제할 수 있다.[31]

둘째, 부모-자녀 간 의사소통이다. 부모와 자녀의 의사소통은 상호 간의 가치 전달과 의사 전달을 통해 내적 긴장 완화, 관계 확인을 통한 자신감, 안정감 증진에 영향을 미친다. 특히 청소년에게 부모와 의사소통은 인성이나 행동 발달 등에 중요한 비중을 차지함으로써 기존의 부모와 자녀 관계의 변화에 따라 갈등이나 문제해결 수단으로 주요한 기능을 한다.[32] 가정에서 대화가 충분하고 편한 대화 상대가 있는 경우, 인터넷 중독 가능성도 낮아지고, 가족 간 관계에 인터넷이 긍정적인 영향을 줄 가능성도 있다. 반면 가족 간 대화가 부족한 가정에서는 인터넷을 많이 사용하여 가족과 대화가 더 적어지게 되고 이로 인한 인터넷 중독 증세를 보일 가능성이 있다.[33]

셋째, 부모의 지지이다. 사람은 가족, 친구 및 동료

---

31) 한국청소년상담복지개발원, 『스마트폰 중독 청소년 부모교육 프로그램 개발 연구』 (서울: 여성가족부 청소년매체환경과, 2013), 14.

32) 하영희, "부모-자녀 관계와 청소년의 우울 및 문제행동과의 관계," 「청소년상담연구」 12(2004), 45.

33) Robert E. Kraut, "Internet Paradox: Social Technology That Reduce Social Involvement and Psychological Well-Being?," *American Psychologist.* 53(1998), 1017-031.

등 타인을 통해 많은 지원을 받는다. 이를 사회적 지지라고 할 수 있는데, 사회적 지지를 물적, 정보적, 정서적, 자기 존중감 지지 등 총 4가지 유형이다. 이러한 사회적 지지 중 특히 부모에게 받는 지지는 청소년 생활에 큰 영향을 끼치며, 청소년들이 사회에서 다양한 스트레스에 효과적으로 대처할 수 있도록 도와주는 요인으로 작용할 수 있다. 청소년의 경우 가정에서 여러 가족 구성원과 지지적 관계를 통해 획득하는 지식, 경험, 도움 등을 얻어 성장하고 발달해 나간다. 부모는 자녀의 초기 발달과정에서 부터 성격 형성에 중요한 역할을 끼치는 대상이기 때문에, 자녀가 성장하고 발달하는 과정에 있어 지속적인 영향을 끼치게 된다.[34] 가족 가운데 어머니와 긍정적 관계 형성이 된 아동은 높은 학업 성취와 인격을 가지게 될 가능성이 높으며, 아버지와 지지적 관계에서도 높은 수준의 자아존중감과 자아 통제, 또래 관계, 제적 발달 형성에 영향을 끼친다고 하였다. 부모의 지지가 약한 경우 인터넷을 중독적으로 사용하는 경향이 높으며, 반대로 부모-자녀 관계가 긍정적일 경우 인터넷 중독 및 인터넷 관련 비행이 낮을 가

---

34) 조은정, "아동·청소년이 지각한 사회적 지지가 행복감에 미치는 영향: 저소득층 아동·청소년을," 「청소년문화포럼」 37(2013), 108-09.

능성이 높다. 또한 부모가 자녀에 대한 관심이 높고, 의사소통을 효율적으로 하며, 자녀가 부모로부터 긍정적인 지지를 받을수록 청소년의 인터넷 중독 정도가 낮다고 하였다.[35]

3. 사회적 체계 원인

사람은 신체적 정신적 에너지를 사용할 목표와 대상을 갖고 있다. 그러나 중독은 끊임없이 친밀한 관계 형성을 맺을 누군가를 찾고 사회적 문제를 낳는다.[36] 스마트폰 중독에 영향을 미치는 사회적 체계 원인으로 친구의 지지, 교사의 지지, 그리고 학교나 직장의 만족도가 유의미한 상관관계가 있다.

첫째, 친구의 지지이다. 청소년은 가족보다 친구들이 의미 있는 타자로 형성되는 시기이기에 친구의 지지는 청소년 행동양식을 정하는 데 중요한 역할을 한다. 청소년기는 또래 집단의 소속이나 인정을 중요하게 여기기 때문에 친구 압력 또한 중요한 강화 원인이 되는 것

---

35) 김경신·김진희, "청소년이 지각한 부모 자녀 관계 변인이 인터넷 중독에 미치는 영향," 「한국가정과학회지」 6(2003), 15-25.

36) 조윤옥, "관계중독의 치유에 관한 연구," 「신학과 실천」 38(2014), 410-11.

이다. 친구 압력은 인터넷 관련의 중독적 사용에도 영향을 끼쳐 친구 압력을 많이 받을수록 인터넷 관련에 중독될 확률이 증가한다.[37] 우울과 충동성이 높은 사람이 인터넷에 몰입하고 인터넷에 활용 영역이 주로 대화방으로 한정되어 있음을 지적, 인터넷에 몰입하는 사람의 친구 관계 특성으로는 혼자 있기를 선호하는 문제점이 있었으며 우울과 충동성이 높기에 정신건강 고위험군으로 관리되어야 할 필요성이 있다. 친구의 지지는 청소년 행동에 많은 영향을 미치기 때문에, 청소년에게 있어서 인터넷은 오락 차원을 넘어 놀이 문화로 정착하는 만큼 친구의 지지가 인터넷 중독에 영향을 끼치는데 매우 클 것이다.[38]

둘째, 교사의 지지이다. 교사는 부모 다음으로 밀접하게 상호작용하는 역할을 한다. 학교생활에 교사의 지지는 학업 성취뿐 아니라 인성 형성에도 많은 영향을 미친다. 정경아는 청소년들은 미래 건강한 사회 구성원이 되는데 필요한 신념, 가치, 기술, 태도 등을 교사와 상호작용을 통해 형성하게 되며 교사로부터 지지는 청소년들에게 중요한 영향을 미칠 수 있다고 주장하였

---

37) 김효순, op. cit., 31.

38) 김효순, op. cit., 31-32.

다.[39] 청소년기 비행과 우울증 억제에 교사는 직·간접적인 영향을 미치는 존재이며, 특히 가족으로부터 사회적 지지가 현저히 저조할 때 교사의 기능이 매우 중요한 역할을 한다. 이처럼 학생들이 교사로부터 얻는 사회적 지지를 높게 지각하고 있는 경우 인터넷이나 게임에 대한 중독성이 낮게 나타났다. 적극적인 관심을 가지고 대하는 교사의 행동은 학생들의 인성이나 학업성취도에 매우 긍정적인 영향을 미친다. 교사의 지지는 학교생활 뿐 아니라 청소년의 미래까지 중요한 영향을 준다고 규정하였으며, 정보적 도움이나 인정, 경청, 관심, 적절한 반응 등 학교생활 중 얻을 수 있는 교사의 지지는 긍정적 차원이라고 할 수 있다. 교사의 지지가 학교생활 만족과 적응에 중요한 영향을 미치기 때문에 청소년 삶의 질적 수준을 결정할 수 있다.[40]

셋째, 학교나 직장의 만족도이다. 스마트폰 중독 결과로 학교나 직장에서 부적응이 나타나는 것으로 알려져 있으며, 이들이 스마트폰 중독될 가능성이 높다고

---

39) 정경아, "청소년의 우울, 불안, 충동성과 스마트폰 중독의 관계에서 자아 탄력성과 사회적 지지의 조절 효과," (숙명여자대학교 박사학위 논문, 2016), 52.

40) 곽미라, "청소년의 스마트폰 의존도가 사회적 관계 불안에 미치는 영향: 자아존중감과 사회적 지지의 매개효과," (우석대학교 대학원 박사학위 논문, 2019), 29-30.

할 수 있다. 정보화 사회에서 대부분의 사람들이 스마트폰을 늘 휴대하고 다니며 쉽게 지인들과 메신저를 나누고, 쉽게 게임 등 다양한 기능 속으로 도피하게 된다. 이러한 현상이 과 몰입으로 나타날 때 스마트폰 중독 및 인터넷 중독으로 인한 학교나 직장생활에 부적응으로 이어지게 된다. 청소년의 과도한 스마트폰 및 인터넷 사용, 특히 게임, 오락, 채팅 및 음란 사이트 접속은 청소년들의 학업 및 학교생활 부적응 등 위험적 요인으로 나타나고 있다. 청소년의 인터넷 중독과 학교생활 적응 수준 간의 관계를 청소년의 인터넷 중독이 학교생활과 유의미한 상관이 있는 것으로 보고되고 있다. 청소년들이 학업성적이 열등할수록 인터넷 중독 현상이 더 심하게 나타나며, 인터넷 중독 위험에 더 많이 노출된다. 일반적으로 스마트폰 중독이 학업성취도를 떨어뜨리는 원인이 된다는 지적이 있으나, 반대로 낮은 학업성적이 스마트폰 중독을 부추긴다는 연구 결과를 내놓고 있다. 실제로 학업성적이 낮을수록 청소년들이 스마트폰에 중독될 개연성이 더 크다는 사실이 보고되었다.[41]

---

41) 류화청, "생태체계요인이 청소년의 스마트폰 중독에 미치는 영향: 인터넷 윤리의식의 조절효과를 중심으로," (서남대학교 대학원 박사학위 논문, 2014), 27-28.

4. 환경적 체계 원인

스마트폰 중독에 영향을 미치는 환경적 체계 원인은 기대, 접근성, 익명성이다. 첫째, 기대이다. 스마트폰 중독문제의 이해 및 치료에서 중요한 심리적 요인 가운데 하나는 스마트폰의 기대, 즉 스마트폰 이용 결과에 대한 기대이다. 스마트폰을 사용할 때 결과에 대한 기대에 따라 인터넷을 사용하는 행동에 영향을 주게 된다. 인터넷 사용에 대한 기대가 인터넷 중독성을 가장 많이 증명하는 변인으로 나타났다. 인터넷 기대의 하위요인이라 할 수 있는 갈등의 해소, 정보 획득, 자신감의 획득, 인간관계의 증진 중 갈등 해소가 인터넷 중독 변량의 33.4%로 나타나 설득력이 높았고, 자신감 획득 3.7%를 추가적으로 드러냈다. 이런 결과는 중독자가 스스로 견디기 힘든 내외적 긴장으로부터 자신을 보호해 줄 심리 내적 구조가 없기에 자신의 심리 내적 구조 대신 중독적 행동으로 내외적 긴장으로부터 자기를 보호해주는 역할을 대신하고 있다는 것을 알 수 있다.[42] 인터넷을 자신의 욕구 충족이나 갈등 해소를 목적으로 이용하는 사람일수록 중독에 빠지는 경향이 있다. 현실

---

42) 김효순, op. cit., 34-35.

에서 욕구 충족과 갈등 해소라는 기대감으로 인터넷을 이용할 경우 나타날 수 있는 심각한 문제는 인터넷을 현실적 갈등이나 문제 해결 목적이 아니라 문제를 회피하는 도구로 이용한다는 것이다.

둘째, 접근성이다. 일반적으로 지리적 거리, 개인적 동기와 인식, 경제적 이유 등에 따라 다르게 나타날 수 있다. 접근성은 장소가 쉽게 찾아갈 수 있는 위치가 중요하고, 경제적으로는 비용이 저렴할 때 쉽게 접근할 수 있어 시간적으로 24시간 찾아갈 수 있는 것을 의미한다. 쉽게 PC에 접근할 수 있는 환경 제공에 관한 접근성은 시공간이 고려된 상태에서 사용하는 대상이 느끼는 거리감으로 인터넷 사용에 대한 접근이 인터넷의 과도한 사용으로 인해 중요한 변수로 작용할 수 있다. 인터넷 중독집단이 비 중독집단보다 PC방을 3배 정도 더 많이 사용하는 것으로 나타났다. PC방 가용성이 높을수록 인터넷 중독 경향이 더 높았다. 그만큼 접근이 높을수록 인터넷을 중독성 있게 사용하는 것으로 나타났다. 접근성은 인터넷 중독적 사용에 강한 영향력을 미치기 때문에 인터넷 이용할 수 있는 컴퓨터를 사용하는 데 규칙을 정해두거나 혼자만 사용할 수 없도록 공개된 장소에 두는 것도 하나의 방법일 수 있다. 그리고 PC방

이용에 대해 무조건적 규제보다 청소년들이 활발하게 인터넷을 이용할 수 있는 장소임을 인식하고 건전하게 사용할 수 있도록 유도하는 것이 필요하다.[43]

셋째, 익명성이다. 인터넷의 가장 큰 특징은 익명성을 들 수 있다. 익명성을 통해 현실 사회에서 사회적 관계 때문에 행하지 못했던 일들을 가상공간 속에서 드러낼 수 있다. 즉 사람들은 인터넷 속에서 이름, 나이, 성별 등 신분을 드러내지 않고 자기 생각을 표현하며 원하는 정보를 얻을 수 있다. 또한 인터넷의 익명성을 이용하여 평소에 표출하지 못하던 부정적 감정이나 폭력적 욕구 등을 마음대로 발산할 수 있다. 이렇게 익명성이 주는 자유로움 속에서 현실의 고정적 실체에서 벗어나 전혀 다른 다양한 형태의 모습으로 변화하는 기회를 가지며, 이러한 변화 경험을 통해 통제감과 우월감을 경험하게 된다.[44] 따라서 익명성은 인터넷 중독을 유발하는 중요한 요인으로 작용할 수 있다.

---

43) 김효순, op. cit., 35-36.

44) 김옥순·홍혜영, 『정보사회와 청소년1』 (서울: 한국청소연구, 1998), 53-72. 김효순, "청소년기 인터넷 중독의 영향 요인에 관한 연구: 생태체계 요인의 조절 효과를 중심으로," 36.

5. 매체적 체계 원인

　스마트폰 중독의 영향은 매체적 원인으로 매체 특성을 기기적 측면과 사용적 측면으로 구분할 수 있다. 기기적 측면에서 스마트폰은 속도, 휴대성, 다기능 이용자 개인에 최적화 등이 있다. 사용적 측면에서는 스마트 기기, 즉시성, 만족감, 적소성, 호기심 충족, 정서적 관계성, 오락성, 실시간 알림 기능 등으로 구분된다. 스마트폰의 매체 특성은 오락적, 사회적 이유, 이동성, 즉시성, 도구적, 문화적 이유의 사용 동기를 통해 살펴볼 수 있다. 이와 같은 매체 특성은 이용자들에게 직접적으로 많은 영향을 준다. 스마트폰은 전화뿐 아니라 사진 촬영, 메일 확인, 정보 검색, 금융 거래, 개인정보 관리 기능 등과 같은 다양한 기능들이 하나의 기기에 합체되어 있기에 언제 어디서든 의사소통은 물론 일상 업무들을 처리할 수 있다. 이용 충족이론에 의하면 이용자는 미디어 매체 이용에서 능동적인 미디어 선택을 통해 목적 지향적인 존재이며, 이용자는 그에 따른 충족에만 만족하는 것이 아니라, 결과가 다시 수용자의 선택에 영향을 끼친다는 것이다. 사진 촬영, 동영상 감상, 게임 등 오락적 동기는 스마트폰 중독과 상관성이 높게

나타나고 있으며, 관계 유지와 타인의 삶에 관심 등 관
계적 동기에서도 높은 상관을 나타내고 있다.[45] 따라서
스마트폰의 매체적 특성은 스마트폰 중독에 많은 영향
을 주는 것이다.

IV. 목회적 대안

IV장에서는 III장에서 고찰한 체계적 원인에 따른 목
회적 대안을 제안하고자 한다. 현대사회는 그 어느 시
대보다 급격한 변화를 겪고 있다. 이러한 변화의 속도
는 너무 빨라 우리가 대응하기란 역부족하다는 것을 부
인할 수 없다.[46] 그 가운데 스마트폰 중독은 개인의 신
체적·정신적·영적으로 다양한 문제를 일으키고 있다.
교회의 본질적 사명은 영적인 것으로 제한하는 시각도
있지만 영·혼·육은 하나라고 볼 수 있기에 교회는 스
마트폰 중독의 관심을 가져야 한다. 교회가 스마트폰
과다 사용자들에 대한 목회적 접근은 교회의 본질적 기
능에서도 필연이라고 할 수 있기 때문이다. 스마트폰

---

45) 정 민, op. cit., 111.

46) 김명찬, "새로운 모바일(소셜네트워크서비스) 디지털시대의 변화
　　에 대한 예배의 세대별 대응 모색," 「신학과 실천」 24(2010), 337.

사용이 전 세대로 확대되었으나 특히 어린이와 청소년들이 역기능에 노출되어 있다. 교회는 다음 세대에 대한 많은 노력 가운데 스마트폰 과다 사용자들을 대상으로 한 대응 방안은 다양하게 마련되어야 한다. 본 연구를 통해 스마트폰 중독 예방과 극복을 위한 연구가 기독교 지도자들 가운데 많이 배출되었으면 하는 소망을 갖게 되었다. 특히 교회는 가정과 학교와 연계하여 스마트폰 중독 예방과 극복을 위한 프로그램 개발에 힘써야 한다. 본 연구에서 제안하는 스마트폰 중독의 원인에 따른 목회적 접근 방안은 다음과 같다.

1. 개인적 원인에 따른 방안

개인적 원인에 따른 접근 방안은 첫째, 정체성을 회복하도록 해야 한다. 교회 교육이 어려서부터 지식보다 실천적 삶을 위한 균형이 이루어져 섬기는 삶을 살노록 해야 한다. 정체성 회복을 위해 어려서부터 하나님께서 주신 재능과 은사를 알게 하고, 예수 그리스도의 제자로 부르심을 받은 사명자로 인식하도록 해야 한다. 예수께서는 섬김을 받으러 오심이 아니라 섬기려고 오셨다. 그리스도인들이 섬기는 삶이 되어야 하는 이유이다. 그러나 교회 생활 가운데 어린이들은 섬김을 받는 데 익숙해 있는 것으로 여겨진다. 어려서부터 서로의 발을 씻기는 세족식을 통한 훈련이 필요하다. 둘째, 균형 잡힌 자존감을 가지도록 해야 한다. 셋째, 성품 훈련이다. 어려서부터 미디어 환경에서 태어나 자극적이며 공격적인 게임 등을 쉽게 접하며 성장하기 때문이다. 저출산과 경제 발달로 자녀들에게 최고의 환경을 제공하려고 하는 목적으로 성적 지상주의가 되었기 때문이다. 학교에서도 성적이 우수하면 VIP 대접을 받는 상황이 되었다. 모든 것을 스스로 해결하면서 절제가 필요함을 깨닫게 해야 한다. 또한 성적, 입시, 취직 등은 상대적 우울감에 빠지게 할 수도 있다. 그러므로 교회는 신앙생활을 위한 수련회뿐 아니라 우울감 극복을 위한 공동체 훈련이 필요하다.

2. 가족적 원인에 따른 방안

가족적 원인에 따른 접근 방안은 첫째, 부모교육이 필요하다. 부모는 자녀가 하나님께서 주신 선물이며 하나님의 소유라는 사실을 인지하고 위탁받은 청지기 자세로 자녀를 양육해야 한다. 그러므로 하나님께서 자녀에게 주신 재능에 따른 양육이 필요하며, 목표도 하나님께 영광 돌리는 삶을 살도록 양육 목표가 분명해야 한다. 이 밖에도 자녀와 의사소통을 위한 방법과 신조어, 스마트폰 순기능과 역기능에 대한 교육이 필요하다. 둘째, 놀이 문화가 필요하다. 가정에서 가족이 함께 할 수 있는 놀이 문화를 교회가 목회적 차원에서 보급하는 것이다. 놀이치료는 놀이를 통해 자신 내면의 세상을 표현함으로써 내담자의 몸과 정신, 그리고 영혼의 전체성을 이루는 자기실현의 과정으로 이끌기 때문이다.[47] 셋째, 가족 구성원과 친밀한 상호작용 촉진과 지지적 관계 형성을 위해 세밀한 부모교육이 필요하다. 부모가 자녀를 지지할 수 있는 교육을 통해 상호 간의 지지적 의사소통 훈련도 이루어져야 한다.[48] 교회는 부모와 자녀가 함께 참여하는 게임 프로그램도 진행할 필요가 있다. 부모와 자녀가 한 팀이 되어 참여하는 게임 프로그램은 개 교회보다는 지방회나 총회 차원에서 추진하면 더 효과적일 수 있다.

부모가 교회에 출석하지 않아도 자녀를 위한 교육 프

---

47) 박은정, "모래놀이치료의 기독교 상담적 적용 연구: 융의 분석심리학과 위니캇의 대상관계 심리치료를 중심으로,"「신학과 실천」77(2021. 11), 311.

48) 조은정, op. cit., 120.

로그램을 통해 교회와 복음에 대한 인식을 새롭게 하여 전도의 동기가 될 수도 있다. 교회가 부모와 자녀와 함께 캠핑, 여행, 취미 생활 등을 공유할 수 있도록 기회를 제공하는 것이 필요하다.

3. 사회적 원인에 따른 방안

사회적 원인에 따른 접근 방안은 첫째, 교회 공동체성 강화이다. 이를 위해 교회의 본질적 기능인 코이노니아를 활성화해야 한다. 교회는 다양한 구성원들이 함께 모인 공동체이기 때문에 예배나 기도 모임 참여뿐 아니라 코이노니아를 통해 서로를 지지하도록 해야 한다. 코이노니아가 형성되면 다양한 지지를 받을 수 있기 때문이다. 또한 교회학교 교사들을 위한 교육이 필요하다. 교사들이 스마트폰 중독이 심각한 학생들까지도 관심을 가지고 목양의 관점에서 접근하도록 해야 하기 때문이다. 둘째, 다양한 시설 제공이다. 교회는 예배 공간 외에 다양한 시설을 교인과 지역사회 주민을 위해 제공해야 한다. 특히 스마트폰을 과다 사용하는 주 대상이라고 할 수 있는 청소년들이 이용할 수 있는 시설은 교회에 대한 만족도를 높일 수 있기 때문이다. 이는 환경적 원인에 해당하는 교회에 기대감, 접근성을 용이하게 할 수 있게 한다. 사회적 환경적 원인에 따른 접근을 위한 구체적 시설은 PC방 설치이다. 교회에서는 사용 시간 등의 규칙을 정해두고 공개적인 장소에서 사용하도록 할 때 중독을 예방할 뿐 아니라 교회에 대한 접근성을 높일 수 있다. 또한 청소년들이 선호하는 유튜브 제작실도 고려할 필요가 있다. 이러한 시설이 개교회적으로 어렵다면 지역교회가 연합하여 전문가를 배치하는 상황에서 운영할 필요도 있다. 더 나아가 장년들을 위한 카페 장소 모다 청소년들을 위한 스터디 카페를 운영할 필요가 있다. 이런 미디어뿐 아니라 청소년들이 쉽게 접근하고 지지받아서 교회에 대한 만족도를 높일 수 있는 운동 시설들을 설치하여 지역사회에 적극적으로 개방할 필요가 있다.

4. 환경적 원인에 따른 방안

환경적 원인에 따른 접근 방안은 첫째, 하나님과 관계 회복이다. 하나님과 관계가 회복되면 소망을 갖고 살아가기 때문이다. 미디어를 통한 갈등 해소, 자신감 획득, 인간관계 증진 등을 하나님을 통해 기대감을 갖도록 해야 하기 때문이다. 특히 교회 교육을 통해 오늘의 삶에 대한 만족과 감사하는 생활은 중요하다고 할 수 있다. 둘째, 오고 싶고, 머물고 싶은 교회 환경 제공이다. 사회적 원인에 따른 대안과 같이 교회는 지역사회 주민들에게도 필요한 시설을 제공하여 오고 싶고, 머물고 싶은 지역사회를 위한 교회가 되도록 해야 한다. 이와 같은 과정에 교회와 가정은 물론, 지역사회의 학교와 협력도 필요하다.[49] 셋째, 익명성 보장이다. 교회 인터넷 환경은 역기능을 우려하여 대부분 실명제로 운영되고 있지만 익명성을 보장할 필요가 있다. 익명성이 보장되는 커뮤니티 활성화가 필요하다.

5. 매체적 원인에 따른 방안

매체적 원인에 따른 접근 방안은 첫째, 접근성 제공이다. 교회가 운영하는 미디어 환경을 다양한 사람들이 접근하여 만족감, 정서적 위로, 호기심 충족을 할 수 있도록 해야 한다. 이야기로 풀어쓴 기독교 교리, 기독교 역사 등을 자주 업데이트하여 기독교에 관심을 갖는

---

49) 손 문, "의학과 신학의 융합 교육과정의 개발과 실천신학적 성찰에 관한 연구," 「신학과 실천」 73(2021), 688-89.

이들이 중요한 지식을 얻도록 해야 한다. 또한 지역사회 주민들에게 유용한 정보를 언제 어디서나 접근할 수 있도록 해야 한다. 둘째, 만족성이다. 현대인들은 자신에게 유용한 정보가 아니면 외면한다. 특히 성경을 주제로 개발된 게임도 미미하지만 진행되고 있다. 성경을 배경으로 개발된 게임을 보급하는 한편 게임 대회를 교회별, 지방회별, 총회별로 개최할 필요성이 있다. 교회는 목회적 차원에서 교회 미디어 환경에 접속하는 이들의 만족도를 높이는데 관심을 갖도록 한다.

V. 나가는 말

지금까지 스마트폰 중독 체계 원인에 따른 목회적 방안에 대하여 살펴보았다. 스마트폰을 과도하게 사용한다고 생각하는 이들은 스스로 피해의 심각성을 인식하고 시간을 줄이려고 노력할 것이다. 다만 결단과는 달리 사용 시간이 감소하기보다 오히려 증가하는 것이 현실이다. 스마트폰의 과도한 사용은 중독으로 이어져 경제적 부담과 학업, 직장, 교회 생활에 부정적 영향을 초래하며 다른 이들과 갈등을 일으키며 피해를 줄 수도 있다.

특히 미디어의 발전과 기독교의 가르침이 충돌하는 것으로 생각하고 교회를 떠나는 청소년과 청년 세대 의식을 신중하게 고려할 때, 목회적 접근은 스마트폰 중독에 대한 피해를 최소화할 것으로 기대한다. 연구자는 실천 신학자로서 스마트폰 중독에 따른 방안을 제안하는데 한계점이 있다는 것을 느꼈다. 다만 본 연구가 스마트폰 중독에 대하여 실천 신학자들의 연구에 도전이 되기를 바란다. 실천 신학자는 교회에 선한 영향력을 끼쳐야 하며, 교회도 스마트폰 중독으로 어려움을 겪고 있는 성도들에 목회적 관심을 가지는 계기가 되기를 소망해 본다.

참고문헌

곽미라. "청소년의 스마트폰 의존도가 사회적 관계 불안에 미치는 영향: 자아존중감과 사회적 지지의 매개효과," 우석대학교 대학원 박사학위 논문, 2019.

곽호완. 『사이버 심리와 인터넷, 스마트폰 중독』. 서울: 시그마프레스, 2017.

김명찬. "새로운 모바일(소셜네트워크서비스) 디지털시대의 변화에 대한 예배의 세대별 대응 모색." 「신학과 실천」 24(2010), 337-65.

김영주 외 2인. "스마트폰 애플리케이션의 채택과 이용." 「한국언론학보」 55(2011), 227-52.

김영희. "알코올중독방지협회(A.A.)의 역사를 통해 얻은 목회상담학의 교훈: 치유법에 초점을 맞추어." 「ACTS 신학저널」 30(2016), 11-53.

김옥순·홍혜영. 『정보사회와 청소년1』. 서울: 한국청소연구, 1998.

김지연. "스마트폰 중독, 점점 심해지고 있다." 「케미컬뉴스」. (2021.10.29.).

김혁진 외 2인. 『스마트폰 중독의 심리분석』. 서울: 지식과 감성, 2020.

김효순. "청소년기 인터넷 중독의 영향 요인에 관한 연구: 생태체계 요인의 조절 효과를 중심으로," 조선대학교 대학원 박사학위 논문, 2009.

노우철·전요섭. "관계중독에 대한 기독교상담적 이해와 인지행동
　　　치료 전략의 응용."「신학과 실천」78(2022), 257-83.

류화청. "생태체계요인이 청소년의 스마트폰 중독에 미치는 영향:
　　　인터넷 윤리의식의 조절 효과를 중심으로," 서남대학교 대
　　　학원 박사학위 논문, 2014.

문희경. "청소년 인터넷 중독에 대한 목회상담적 대응."「신학지남」
　　　78(2011), 282-303.

박미라. "스마트폰 중독 상담의 기독교적 담론지형과 쟁점연구."「
　　　신학과 실천」79(2022), 367-93.

박상환. "자기 이해, 자기수용, 자기표현이 타인 관점 수용과 의사
　　　소통역량에 미치는 영향 연구: 서울, 경기도의 한국 대학생
　　　을 중심으로."「한국콘텐츠학회논문지」16(2016), 410-22.

박성민. "대학생의 스마트폰 게임중독에 영향을 미치는 요인 분석:
　　　회복탄력성의 매개효과 를 중심으로," 명지대학교 대학원
　　　박사학위 논문, 2017.

박은정. "모래놀이치료의 기독교 상담적 적용 연구 : 융의 분석심
　　　리학과 위니캇의 대상관계 심리치료를 중심으로."「신학과
　　　실천」77(2021. 11), 289-315.

배성만. "스마트폰 사용유형과 스마트폰에 대한 과도한 기대가
　　　청소년의 스마트폰에 과의 존에 미치는 영향."「정보화정
　　　책」25(2018), 65-83.

심정연. "기독 청소년의 스마트폰 중독에 영향을 미치는 기독교 영
　　　성의 역동성: 한국판 단축형 하나님 이미지 척도를 기반으
　　　로" 총신대학교 일반대학원 박사학위 논문, 2016. 손　문,
　　　"의학과 신학의 융합 교육과정의 개발과 실천신학적 성찰
　　　에 관한 연구."「신학과 실천」73(2021), 669-95.

송혜진·오세연. "대학생의 MSNS(Mobile Social Network Service) 중
　　　독에 관한 연구."「사회과학연구」20(2013), 56-82.

이계원. "청소년 인터넷 중독에 관한 연구." 이화여자대학교 박사
　　　학위 논문, 2001.

왕　요. "중국 청소년의 스마트폰 중독요인에 관한 연구: 숏폼 동영
　　　상 콘텐츠를 중심으로." 동의대학교 대학원 박사학위 논
　　　문, 2020.

윤일홍. "종교성과 낮은 자기 통제력이 인터넷 게임중독에 미치는
　　　영향 연구."「한국범죄학」10(2016), 90-130.

이강원·손호웅.『지형 공간정보체계 용어사전』. 서울: 구미서관,
　　　2016.

정　민. "중학생의 스마트폰 중독에 영향을 미치는 변인 간의 구조
　　　적 관계: 생태 체계적 관점으로 중심으로."「한국청소년연
　　　구」26(2015), 103-31.

정송화. "청소년 스마트폰 중독 치료를 위한 집단상담 프로그램
　　　의 효과에 관한 메타분석." 경북대학교 대학원 박사학위
　　　논문, 2020.

정옥분. 『발달심리학』. 서울: 학지사, 2014.

조근호 외 11인. 『중독재활 총론』. 서울: 학지사, 2011.

조윤옥. "관계중독의 치유에 관한 연구." 「신학과 실천」 38(2014), 409-40.

조은정. "아동·청소년이 지각한 사회적 지지가 행복감에 미치는 영향: 저소득층 아동·청소년을 중심으로." 「청소년문화포럼」 37(2013), 103-26.

최주혜. "중독과 영성." 「신학과 실천」 47(2015), 349-72.

하영희. "부모-자녀 관계와 청소년의 우울 및 문제행동과의 관계." 「청소년상담연구」 12(2004), 42-52.

한국인터넷진흥원. 『2018 인터넷이용실태조사』. 서울: 과학기술정보통신부, 2019.

한국정보화진흥원. 『스마트폰 중독 진단 척도 개발 연구』. 서울: 한국정보화문 화진흥원 미디어중독대응부, 2011.

한국청소년상담복지개발원. 『스마트폰 중독 청소년 부모교육 프로그램 개발 연구』. 서울: 여성가족부 청소년매체환경과, 2013.

한국콘텐츠진흥원. 『2020 게임이용자 실태조사』. 나주: 한국갤럽조사연구소, 2020.

한 정 외 3인. "중장년층 모바일 숏폼 동영상 과다 사용 행위의 영향요인 연구." 「한국융합학회논문지」 13(2022), 173-84.

홍성혁 외 3인. "교류분석이론의 이고그램 성격특성에 따른 스마트폰 활용 및 중독 경향." 「예술인문사회 융합 멀티미디어 논문지」 8(2018), 563-72.

American Psychiatric Association. *Diagnostic And Statistical Manual of Mental Disorder 5nd ed.* Washington: APA, 2000.

Fukuyama, Mary. & Sevig, Todd. *Integrating Spirituality into Multicultural Counseling.* Thousand Oaks: Sage Publication, 1999.

Galanter, Marc. *Spirituality and the Healthy Mind.* Oxford: Oxford University Press, 2005.

Hamilton, Max. "Rating scale for depression." *Journal of Neurology.* Neurosurgery and Psychiatry. 23(1960), 56-62.

Kraut, Robert E. "Internet Paradox: Social Technology That Reduce Social Involvement and Psychological Well-Being?." *American Psychologist.* 53(1998): 1017-031.

May, Gerald G. *Addiction and Grace.* New York: Harper and Low, 1988.

PART 3
멀티태스킹 중독 예방과 회복을 위한 목회적 방안

Ⅰ. 들어가는 말

정보기술의 발전은 IT산업에 큰 변화를 가져왔다. 통신과 네트워크 기술 발달과 컴퓨터 기술 발달로 비약적인 발전을 이루어 왔다. 정보기술의 급속한 발전은 다양한 분야와 융합으로 IT융합 시대를 초래하였다. 특히 정보 통신 분야에 스마트폰, 태블릿 PC 등 다양한 정보 통신기기들은 현대인의 일상생활에 많은 변화를 가져왔다. 이처럼 변화를 주도하는 다양한 정보 통신기기들 가운데 스마트폰은 세계인의 관심이 집중되어 있으며, 국내에서도 2009년 11월 말부터 KT가 미국 애플사 아이폰 보급을 시작하면서 스마트폰 대열에 뛰어들었다.[1] 스마트폰의 보편화에 따라 멀티태스킹이 빠르게 확산되었다. 그것은 이동성과 휴대성을 갖춘 모바일 미디어 특성 때문에 스마트폰 이용과 비(非) 미디어 이용 행위, 스마트폰과 다른 미디어 이용을 동시에 하는 경우가 증가하고 있다. 스마트폰 사용 시간 밀도를 높이고 이중(二重) 시간을 확보할 수 있다는 측면에서 미디어 멀티태스킹이 확산되는 원인 중에 하나다. 시간의 밀도

---

1) 아시아경제, "21세기의 '목화씨'를 들여온 KT," (2017.6.), (2023.10.26 접속). https://www.asiae.co.kr. (인터넷)

가 증가한다는 것은 업무나 행동 순서를 유연하게 변화시켜 시간 이용의 효율성을 재고한다는 뜻이다. 시간의 미시적 조정(micro coordination)이나 미세한 시간활용이 이에 해당한다고 볼 수 있다.[2]

스마트폰의 관심과 사용이 집중되면서 사용 범위는 또한 점차 광범위하여 공적 업무처리 이외에도 사적 업무처리와 동시에 사회 연결망 확장 등에도 사용되고 있다. 최근 스마트폰의 다양한 기능들이 사용자로 하여 스마트폰을 통해 다른 활동도 함께하는 멀티태스킹(multitasking) 행동을 유발한다. 스마트폰 사용에 집중하고 몰입할 경우 사용자는 스마트폰을 사용하지 않게 되면 불안해지는 중독 현상까지 나타났다.[3] 최근 미디어 테크놀로지의 흐름은 컨버전스와 스마트화로 요약해도 무리가 없을 정도로 이 두 가지의 키워드를 둘러싸고 미디어 생태계에 일대 지각변동을 일으키고 있다. 이런 상황에서 멀티태스킹 중독 예방과 회복을 위한 목회적 접근 방안 필요성은 증대되고 있다.

---

2) 배진한, "스마트폰 애플리케이션 멀티태스킹 이용행태에 관한 연구," 「사회과학연구」 22(2015), 235.

3) 변혜선 외 2인, "스마트폰 사용자의 멀티태스킹 행동이 스마트폰 중독에 미치는 영향에 관한 연구," 「정보화정책」 21(2014), 59.

II. 멀티태스킹 중독의 이해

멀티태스킹은 다양한 기능을 통해 개인의 삶을 편리하고 효율적으로 향상시킬 뿐만 아니라 반면 스마트폰과 인터넷 등을 과다 사용, 혹은 과몰입하여 금단과 내성을 지니고 있다.

1. 멀티태스킹의 개념

최근 미디어 사용자들 특성은 한 종류 매체에 집중하기보다 여러 종류 매체를 동시에 사용하는 경향이 있다. 이러한 행위를 미디어 멀티태스킹(media multitasking), 동시 매체 사용(simultaneous media use), 또는 다중 매체 사용(multiple media use) 등의 용어로 지칭해 왔다. 미디어 멀티태스킹은 사용자가 동일 시간에 두 개 이상 매체에 노출되는 것을 말한다. 본 연구에서는 이를 멀티태스킹(multitasking)으로 통일해서 사용한다.[4] 이러한 멀티테스킹 현상은 최근에 매체 영역에서 더욱 두드러져 TV를 시청하면서 스마트폰 문자를 확인하거나, 웹서핑을 하

---

4) 정세훈 외 4인, "국내 미디어 멀티태스킹 연구 현황," 「한국광고홍보학보」 19(2017), 103.

면서 동시에 컴퓨터로 음악을 듣는 사람을 쉽게 목격할 수 있다. 최근에는 스마트폰이나 인터넷을 중심으로 기존 매체의 기능이 통합되는가 하면 N스크린과 클라우딩 서비스로 매체 간 경계가 불분명해져서 미디어 멀티태스킹의 개념도 두 매체는 물론 한 매체 내에서 두 종의 콘텐츠를 소비하는 행동을 포괄하는 방향으로 진화되고 있다.[5] 미디어 사용자들의 멀티태스킹 행위는 어느 사회에나 발견되나 한국의 상황에서 특별히 더 중요한 이유가 있다. 첫째, 미디어 사용 현상적 관점에서 우리나라의 경우 스마트폰의 보편적 보급으로 멀티태스킹 행위가 빈번하게 일어난다. 둘째, 광고 효과적 관점에서 우리나라 미디어 사용자들의 빈번한 스마트폰 사용 행위는 광고 효과와 연결될 수 있기에 중요하다. 직관적으로 판단했을 때 멀티태스킹이 증가할수록 정보 처리를 더 효과적일 것이라 예상할 수도 있지만, 반대로 멀티태스킹 경험이 증가할수록 정보를 처리하는 능력이 오히려 감소하게 된다는 연구 결과도 있다.[6]

---

5) 강미선, "미디어 멀티태스킹과 세분화된 동기유형 연구," 「광고PR실학연구」 7(2014), 8.

6) E. Ophir, C. Nass, A. D. Wagner, "Cognitive Control in Media Multitaskers," *Proceedings of the National Academy of Sciences*, 106(2009), 15583-5587.

2. 멀티태스킹의 중독에 대한 이론적 고찰

멀티태스킹 중독은 기존의 인터넷 중독이나 휴대전화 중독 연구의 연장선상에서 이루어져 온 만큼 그 개념도 명확하게 구별되지 않은 채 논의되었다.[7] 미국에서 1990년 후반부터 본격적으로 실태조사와 학술적 논의가 시작되었다. 대규모 프로젝트(Simultaneous Media Usage)에 의하면, 미디어 멀티태스킹이 빠르게 증가하고 있으며, 멀티태스킹 되는 매체 조합 수도 증가하고 있다. 또한 어떤 종류 매체들이 동시에 이용되는지 전면(前面) 매체와 배경 매체 조합과 상호 관계는 어떻게 나타나는지, 미디어 멀티태스킹을 촉진 또는 억제하는 요인은 무엇인지 등에 대한 다각적인 분석이 진행되었다. 국내에서도 연구 성과가 축적되었다. 예컨대 일상 활동 가운데 60% 이상이 미디어 멀티태스킹이 나타나고 있음을 보고했다.[8]

첫째, 복합적인 시간성이다. 복합적인 시간성은 다양한 시간성이 공존하고 있는 상태를 의미하는 것으로, 동시에 둘 이상의 업무나 사건에 참여하는 것을 선호할

---

7) 황경혜 외 2인, "대학생의 스마트폰 중독사용 정도에 따른 상지통증, 불안, 우울, 및 대인관계," 「한국콘텐츠학회논문지」 12(2012), 365-75.

8) 배진한, op. cit., 237-38.

뿐만 아니라 실제로 그렇게 행동하는 것이다. 이런 방법이 가장 효과적인 결과로 나타난다고 생각하는 것을 의미한다.[9] 복합적인 시간성은 복합 시간적 미디어 이용에 대한 성향으로 행위에 영향을 미친다는 사실이다.

둘째, 혁신적인 성격의 특성이다. 혁신적인 성격의 특성은 새로운 아이디어와 기술 채택에 등에 영향을 끼치는 핵심 요인이다. 인터넷 채택의 연구에 있어서 개인의 성격적 특성이 상당한 영향을 끼친다. 모바일 인터넷 채택에 있어 개인의 혁신적인 성향이 중요한 영향을 끼친다. 하이테크 제품을 구매할 때도 소비 혁신성이 증가할수록 정보탐색이 활발하다. 그런데 스마트폰을 사용하는 과정은 지속적인 웹 어플리케이션 등을 탐색하고 사용하는 등의 행동을 포함하고 있다. 이 과정에서 소비자의 내재적 특성이라고 할 수 있는 혁신적인 성격은 매우 중요한 요인이 될 수 있을 것이다.

셋째, 자기 효능감이다. 자기 효능감에 대한 신념은 단순히 개인 능력 수준에 그치는 것이 아니라 정서, 행동, 생각, 동기에 영향을 끼친다. 이것은 사람의 노력 수

---

9) A. C. Bluedorn, T. J. Kalliath, M. J. Strube, & G. D. Martin, "Polychronicity and the Inventory of Polychronic Values (IPV): The Development of an Instrument to Measure a Fundamental Dimension of Organizational Culture," *Journal of Managerial Psychology*, 14(1999), 205-31.

준과 직면한 장애를 극복하는 정도를 결정짓기도 한다. 자기 효능감과 과업 수행 간 유의미한 상관관계는 있다. 조직 구성원들에게 주어진 역할과 임무 영역은 폭넓고 복잡하며, 여러 역할수행을 기대하는 조직에서 자기 효능감이 귀중한 자원이 된다. 따라서 자기 효능감은 직무만족뿐만 아니라 삶에 대한 만족감에서도 유의미한 상관관계가 있다. [10]

넷째, 멀티태스킹이다. 멀티태스킹에 초점 맞춘 연구는 아니라고 할지라도 멀티태스킹을 접하게 되는 원인으로 미디어 매체의 다양한 종류에 원인이 있다. 그리고 다양한 미디어 매체를 소유하고 있는 청소년들은 그렇지 못한 청소년에 비해 미디어 매체와 더 많은 시간을 보내고 있는 것으로 나타났다. 그 결과, 더 쉽게 멀티태스킹 행동을 한다. 한편 멀티태스킹 행동에 사용자의 특징은 감각 추구 성향과 미디어 요인인 기술 소유 등의 요인들로 영향을 미치는 것이다. [11]

다섯째, 만족이다. 만족이란 개념이 명료하게 설명되기 어렵기 때문에 연구자들의 주관적 관점에 따라 상이

---

10) 변혜선 외 2인, op. cit., 61-2.

11) S. H. Jeong, & M. Fishbein, "Predictors of Multitasking with Media: Media Factors and Audience Factors," *Media Psychology.* 10(2007), 364-84.

하게 정의되고 있다. 그런데 만족은 고객들이 제품을 구매하거나 서비스를 받은 후 구매, 비교, 평가, 선택하는 과정에 자신이 어느 정도 호의적이거나 비호의적 감정을 경험하느냐다. 이 같은 개념은 매우 다차원적이고 포괄적 개념으로 평가되었다. 온라인 환경에 지각된 전환비용과 만족감과 신뢰가 관계 지속 의도에 미치는 영향을 확인하였다.[12]

여섯째, 몰입이다. 몰입은 사람들이 과거에 투자한 것 때문에 어떤 행동을 지속하려는 현상이라고 할 수 있다. 그러나 몰입은 자신의 업무나 직무에 완전히 몰두되어 최적의 기능을 수행하는 상태로서 어떤 일을 할 때 그 일에 전적으로 빠져 있는 느낌을 의미한다. 몰입은 단일차원과 다차원적으로 구분할 수 있다. 직무, 스포츠, 게임, 온/오프라인 쇼핑, 컴퓨터 사용 등이 다양한 분야에서 사용되고 있다. 온라인 멤버십이 몰입과 일체감 매개를 통한 고객 선호도에 미치는 영향에서 규범적 몰입이 고객충성도에 중요한 영향을 끼치는 것으로 나타났다.[13]

일곱째, 중독이다. 지나친 인터넷 몰입은 자아 정신

---

12) 변혜선 외 2인, op. cit., 63.

13) 변혜선 외 2인, op. cit., 64.

이 흔들리고, 일상적인 사회생활에 어려움을 겪음으로
자기 행동에 대한 불만이 고조된다. 참고 인내해야 하
는 상황에 대처하지 못하고, 즉각적인 반응을 통하여
그렇지 못한 상황에서는 빠르게 권태감을 느낀다. 이
러한 충동성이 강화되는 결과가 인터넷 중독자라고 한
다.[14] 중독 연구에 따르면, 온라인 게임 몰입은 이용 동
기뿐 아니라 중독 매개변인으로 사용된다고 밝힌 바 있
다. 따라서 스마트폰 사용 환경에서 사용자 만족도는
몰입에 많은 영향을 끼친다. 이와 같은 만족도는 중독
에 영향을 미칠 것이다. 또 스마트폰에 몰입하면 그다
음 단계인 중독으로 이어질 것이다.[15]

3. 멀티태스킹 중독의 증상

성격은 개인이 갖고 있는 일관되고 안정적 감정, 생
각과 행동 패턴으로 정의할 수 있다. 성격 요인은 멀티
태스킹 성향과 연관되어 있다.[16] 성격 요인 가운데 신

---

14) K. S. Young, "Internet Addiction: The Emergence of a New
    Clinical Disorder," *Cyber Psychology & Behavior*, 1(1998), 237-
    44.

15) 변혜선 외 2인, op. cit., 68.

16) S. Lim, and H. Shim, "Who Multitasks on Smartphones?
    Smartphone Multitaskers'Motivations and Personality Traits,"

경중은 현재의 우울 상태를 특징으로 하며 감정적 자극에 관한 반응을 시사한다. 높은 신경증은 선택적주의 과업에서 낮은 성과를 나타낸다. 그러므로 신경증이 높은 개인의 경우 우울한 기분이나 증상에 민감하며 디지털 환경에서도 멀티태스킹 성향을 보일 수 있다.[17]

첫째, 우울증의 증상이다. 우울증은 신앙과 관계없이 누구에게나 찾아올 수 있다. 최근 우울증은 두뇌의 화학적 불균형으로 야기되며 약물치료로서 이러한 증세를 치유할 수 있다. 그러나 우울증이든 중독이든 우리나라 정서상 쉽게 병원 치료를 받으려 하지 않는 데 있다. 그것은 정신질환자로 낙인이 찍힐 것이라는 오해에서 비롯될 수도 있다. 청소년의 경우, 우울증이 있으면 좌절이 많고 성취가 적으며 현실에서의 효능감이 적다. 이러한 경우일수록 감정을 해방하고 현실적인 고통으로부터 탈피하는 방법으로 멀티태스킹에 과몰입하게 되는 위기를 만나게 된다. 우울 증상은 다양하기 때문에 그 원인과 분석 또한 쉽지 않다. 치료 접근도 개

Cyberpsychology, Behavior, and Social Networking, 19(2015), 223-27.

17) 최은진 외 2인, "가상현실 콘텐츠를 활용한 신경증과 우울이 멀티태스킹 성향에 미치는 영향 연구," 「디지털콘텐츠학회논문지」 24(2023), 893.

인 특성에 따라 다르고 원인에 따라 다르기에 그 해결은 쉽지 않다. 우울증 유형을 단순히 표현하면 가벼운 우울증과 중증 우울증이 있다. John White는 우울증을 일차 우울증과 이차 우울증으로 구분했다. 일차 우울증은 단순한 불안정한 기분 상태이며, 이는 정신증이나 육체적 질병 또는 알코올 중독 등과는 관련이 없는 형태로 보았고, 이차적 우울증은 일차적 우울증을 기반으로 나타나는 하나의 질병으로 보았다.[18] 특히 경미한 우울증을 경험한 환자에게 더욱 예측력이 있는 것으로 나타났다. 병원에 진료받지 않은 경미한 우울증을 예측하는데 멀티태스킹 성향이 주요한 예측 변수이다. 이 우울 수준이 높을수록 멀티태스킹 성향이 높아진다고 가정할 수 있다.

둘째, 표현형 증상이다. 표현형은 개인의 유전자 형태를 외부적인 관찰을 할 수 있는 양식으로 정의했다.[19] 대체적으로 성격, 정신건강과 관련된 심리 검사들은 피검사자의 주관적 보고에 의존하는 자가 보고식 검사를 대부분 사용해왔다. 그러나 이와 같은 자가 보고식 검

---

18) John White, *The Masks of Melancholy* (Downers Grove, IL.: IVP, 1982), 63.

19) M. K. Wojczynski and H. K. Tiwari, "Definition of Phenotype," *Advances in Genetics*, 60(2008), 75-105.

사는 피검사자 보고에 의존하고 있어 방어형인 사람에게 효과가 미미하다는 한계성을 지닌다. 이러한 단점을 보완할 방법으로 표현형이 주목받고 있다. 표현형을 관찰하기 위한 방법으로 디지털 기기 사용 패턴을 활용하거나, 소셜미디어에서 활동 내용을 분석, 챗봇과 대화를 유도하기도 하고, 가상현실 기술을 활용한다.[20]

III. 멀티태스킹 중독의 원인

미국의 경우 한 번에 하나의 미디어만 사용하는 이용자 비중은 감소하고 다중 미디어 사용자는 지속적으로 증가하고 있는 상황에서[21] 멀티태스킹 중독의 원인에 대하여 살펴보고자 한다.

1. 행위 예측의 원인

미디어 멀티태스킹을 검토한 연구에 따르면, 미디어 멀티태스킹 행위를 예측하는 원인은 인지적 자원 수요

---

20) 최은진 외 2인, op. cit., 893.

21) 김류원·정세훈, "자아 조절 자원이 미디어 멀티태스킹 이용행태에 미치는 영향," 「한국언론학보」 64(2020), 155.

및 배분을 중심으로 하는 인지적 요인과 미디어 멀티태스킹 동기를 중심으로 하는 개인 심리적 원인으로 구별할 수 있다.[22]

첫째, 환경적 원인이다. 환경적 원인은 학교에서의 경우 학업이 부진하여 상급학교로 진학하는 데 따른 부담감, 성적이 떨어졌을 때, 학교 폭력 및 친구로부터의 왕따, 선생님의 편애와 심한 꾸중 등이다. 이러한 원인은 청소년에게 심각한 스트레스로 작용하고 감정으로 표출되는 방법이 우울증으로 나타난다. 또한 부모의 갈등이나 이혼은 청소년에게 어려운 환경적 장애가 된다. 부모의 결혼생활이 불행하고 부모 자녀 간 갈등이 심한 경우에 자녀의 비행률이 높아진다. 청소년 전기에는 자기의 부모에서부터 떨어져 자기 존재를 성립하려고 하기에 빈번하게 상실의 감정을 경험한다. 상실은 우울 현상의 결정적인 기초가 된다. 청소년이 겪는 상실 경험은 일반직으로 자존심의 상실을 내부분으로 보아야 할 것이다.

둘째, 인지적 원인이다. 인지, 즉 생각하는 것은 신체활동 대신에 상징을 이용해서 주위 정화의 구성요소를

---

22) 정세훈 외 4인, op. cit., 102-35.

조직화하고 처리하는 능력으로 정의되어 진다.[23] 인지의 왜곡은 보편적 관점과 극단적 사고로 단편적, 편협한 그리고 유아적 사고를 의미한다.[24] 인지적 원인은 비합리적 신념 체계를 발견해 내고 이것을 합리적 신념 체계로 변화시키는 과정과 방법을 인지적 입장에서 회복과 치유에 접근하려는 이론이다. 그러므로 인지적 원인은 문제에 대해 치료받고자 하는 행동, 인지, 정서상의 문제를 해결할 수 있도록 도와주는 것이다. 이것은 중독에서부터 벗어나려는 인지적 원인을 위한 방편이 될 수 있다.

셋째, 심리적 원인이다. 이용과 충족 이론 측면에서 미디어 멀티태스킹은 수용자들이 미디어 결합을 통하여 다양한 동기를 한 번에 충족시키기 위한 능동적 미디어 이용 결과라 할 수 있다. 미디어 멀티태스킹 이용동기는 오락 효율, 정보, 정서, 사회적 동기 등 다양한 심리적 원인으로 인해 나타난다. 구체적으로 미디어 멀티태스킹은 단일 미디어 사용에 비해 더 다양한 미디어를 통한 자극과 경험을 제공함으로 이용자에게 즐거움

---

23) 폴 D. 마이어 외 3인/ 전요섭 외 공역, 『기독교 상담심리학 개론』 (서울: CLC, 2006). 160.

24) Albert Ellis, *Overcoming Destructive Beliefs, Feelings and Behaviors* (New York: Prometheus, 2001), 24-8.

을 주고 정보를 효과적으로 처리할 수 있도록 한다. 이처럼 미디어 멀티태스킹 동기로 추가 정보습득, 사회성 증진, 즐거움 추구, 효율적 행동, 그리고 일상적 행동 등 5개 원인을 추출하고, 이 가운데 정보, 효율, 습관 요인이 전반적 멀티태스킹에 영향을 끼치고 있음을 밝혔다.[25] 따라서 개인의 멀티태스킹 중독 원인은 환경적, 인지적, 심리적으로 작용하여 중독을 발생시키는 것으로 볼 수 있다.

2. 균형과 우선순위의 원인

첫째, 자기 통제력의 원인이다. 최근 멀티태스킹 중독과 관련된 원인을 알아내기 위해서 관련된 변인에 대한 연구가 다수 이루어지고 있다. 멀티태스킹은 인터넷 및 게임 중독 관련 변인에 대한 메타분석을 통해 인터넷 중독이 게임 중독과 관련된 6개 변인 군으로 범주화하였다. 이들은 가족관계 관련 변인, 가족지지, 과잉보호, 부모 통제, 부부관계, 부모의 양육 행동으로, 또래관계 관련 변인, 친구 관계, 친구 지지, 친구의 사회적지지, 친구 영향력 등으로, 자기 관련 변인, 자기 통제력,

---

25) 김류원·정세훈, op. cit., 158.

자존감, 자긍심, 자기 효능감으로, 정서 변인, 불안, 우울, 충동성, 공격성으로, 학교 관련 변인, 학교생활 만족도, 학교 문제, 교사 관계, 교사 지지로, 인터넷 특성 관련 변인, 인터넷 정체성, 인터넷 이용 시간, 인터넷 관여, 컴퓨터 접근성으로 구분하였다.[26] 초등학생을 대상으로 한 자기 통제력과 중독 관련 원인에 따르면, 초등학교 4학년부터 중학교 3학년을 대상으로 인터넷 중독에 영향을 끼치는 개인 보호 원인 중 자기 통제력만 유의미한 영향을 끼치는 것으로 보고되었다. 초등학교 5, 6학년을 대상으로 한 인터넷 중독 관련 원인의 연구에서도 자기 통제력이 높을수록 인터넷 중독 수준이 낮아진다고 보고되었다. 초등학교 6학년을 대상으로 한 중독 예방 프로그램에 자기 통제력을 강화하여 그 유용성을 검증하였다. 자기 통제력의 원인에 따라 인터넷 중독적 사용에 많은 영향을 끼친다는 것을 발견하였으며, 이에 중독 예방 프로그램에 있어 자기 통제력이 중요한 원인이 될 수 있다. 중독 성향과 자기 통제력은 부정적인 상관을 보이는 것이다.

둘째, 중독 예방 프로그램의 원인이다. 인터넷 사용

---

26) 강희양·손정락, "인터넷 및 게임 중독 관련 변인에 대한 메타분석," 「한국심리학회지 건강」 12(2007), 745-59.

이 보편화되기 시작했던 2000년대에 이르러 아동, 청소년 중독 예방 및 치료 필요성에 대한 요구가 증가함에 따라 아동, 청소년 중독 예방 및 치료 필요성에 대한 연구가 활발하게 이루어진 가운데 집단상담, 심리교육 등 프로그램을 개발하고 운영하여 효과성을 확인하는 연구들이 나타나기 시작했다. 이 같은 중독 예방 프로그램이 효과가 있었다는 것을 밝혔으며, 역시 중독 집단상담 프로그램이 예방을 목적으로 하는지, 치료를 목적으로 하는지에 관계없이 유의미한 효과가 있다고 보고된 바 있다. 멀티태스킹 중독의 원인에 대한 연구는 인터넷 중독보다는 그 수가 빈약하지만, 스마트폰 과다 사용과 중독 현상이 증가하고 있는 현실이기 때문에 이에 대한 예방 및 개입에 대한 연구가 더욱 활발히 이루어질 필요가 있다. 이와 관련하여 스마트폰 중독이 청소년 자기 통제력을 약화시키고 강한 충동성을 나타나게 하므로, 청소년을 대상으로 올바른 멀티태스킹 사용법과 충동성을 완화시키는 상담적 개입과 예방 프로그램이 필요하다. 기존 중독 예방 프로그램과 관련된 연구는 예방 프로그램의 효과가 있다는 연구와 반대로 예방 프로그램 효과가 크지 않으며, 부분적이라는 연구

가 있었다. [27]

이제까지 예방 및 개입 프로그램은 상담 이론에 근거한 집단상담 형태의 프로그램이 많이 개발되고 있으며, 교육적 차원에서 프로그램은 상대적으로 그 수가 미미하고, 예방 차원 프로그램보다 치료와 상담을 위한 프로그램 연구가 활발히 이루어져 왔다. 하지만 멀티테스킹을 사용하는 연령층이 점차 저연령화되고 있으므로, 아동기 때부터 예방적 차원에서 교육이 필요하며, 습관이 형성될 무렵인 초등학교나 그 이전부터라도 예방 교육이 중요하다는 주장이 점차 제기되고 있다. [28]

3. 자기조절과 자기관리의 원인

자기조절은 자기의 목표나 이상을 추구하는 과정에서 나타나는 자기 생각이나 행동 반응을 의식적으로 변화시키는 작용 혹은 능력을 의미한다. [29] 예를 들어, 다

---

27) 김동일 외 3인, op. cit., 297.

28) 양미경·오원옥, "인터넷게임 중독 예방 교육 프로그램이 초등학생의 자기 통제성과 인터넷게임 사용 시간에 미치는 효과," 「Child Health Nursing Research」 13(2007), 282-90.

29) R. F. Baumeister, & K. D. Vohs, "Self-regulation, Ego Depletion, and Motivation," *Social and Personality Psychology Compass*, 1(2007), 115-12.

이어트, 금연 등은 유혹에 저항이 필요한 상황에서 금지된 충동을 경험하는데, 목표 달성을 위해서 이러한 충동의 원인을 억제하는 자기조절이 필요하다. 이처럼 자연스럽게 나타나는 스스로 행동 반응을 통제 혹은 변화시키고자 하는 시도를 자기조절이라고 한다. 자기조절 성패는 자기조절 자원(self-regulatory resource)에 따라 결정된다. 이를 자기조절 강도 모델(strength model of self-regulation)을 통해 근육 사용과 근력 고갈 관계를 통해 설명할 수 있다. 어떤 사람이 어떤 일을 하는 데 근육 사용을 통하여 근력이 고갈된다면 그 이후에 근력이 필요로 하는 다른 일을 제대로 감당하기 어렵다. 이와 마찬가지로 자기조절 기능이 작동하는 과정에 자기조절을 하는데 필요한 자원을 소진하고 나면 다음에 이어지는 과제에서 추가적 자기조절 기능을 수행할 수 없게 된다.[30] 자기조절 자원고갈은 다양한 인간 활동 전반에 영향을 끼치는데, 자원고갈 효과는 정보처리, 논리적 생각, 대인행동, 의사결정, 감정관리, 자기표현, 인상관리 등 다양한 곳에서 나타난다. 이러한 맥락에서 자기조절은 무엇을, 언제, 어떻게 할 것인가와 같이 전반적 선택에도 영향을 끼치는 원인이라고 볼 수 있다. 자기조절 자원

---

30) 김류원·정세훈, op. cit., 159-60.

고갈에 따른 결과들은, 먼저 감정표현 억제를 통해 자기조절 자원을 고갈시킨 후 손에 양력기를 오랫동안 쥐고 있는 시간을 통해 자기조절 자원고갈에 직면한 자들의 육체적 영향을 살펴본 결과 자기조절 자원이 고갈된 집단은 자연스럽게 감정표현이 가능했던 비 고갈 집단보다 양력기를 쥔 시간이 더 짧은 것으로 나타났다.[31] 자기조절 자원이 고갈되면 비 고갈 상황 때 보다 자기 생각과 일치하는 정보에 대한 중요도, 신뢰도를 더 높게 평가하고, 일치 정보에 대한 검색을 더 많이 함으로 확증 편향성도 증가되는 것으로 나타났다. 이러한 자기조절 자원고갈에 의한 확증 편향성은 전달하는 메시지 난이도에 따라서 완화될 수 있는 것으로 나타났다.[32]

자기조절 자원이 고갈되면 인지적 노력 투입이 필요한 정교한 정보처리 능력이 감소하게 되며, 정교한 의사 처리에 개입할 능력이 낮아질 경우 체계적 정보처리가 불가능하여 휴리스틱에 의존하는 정보처리가 증가할 수 있으며, 설득과 시도에 노출된 후 태도를 형성할

---

31) Mark R. Muraven, Diane M. Tice, & Roy F. Baumeister, "Self-control as Limited Resource: Regulatory Depletion Patterns," *Journal of Personality and Social Psychology*, 74(1998), 774-89.

32) 김류원·정세훈, "자아 조절 자원과 메시지 난이도가 확증적 정보처리에 미치는 영향," 「홍보연구」 22(2018), 1-26.

때 휴리스틱에 의존하고, 소수 대안만을 가지고 의사결정을 내리는 경향이 강화되며, 논리적 생각과 의사결정을 제대로 하지 못하는 결과가 자동적이고 주변 경로에 의한 정보처리의 결과라 할 수 있는 것이다. 이러한 정보처리 동기와 능력에 영향을 끼치는 자기조절 자원도 고정적 원인이 아니라 이용자 상황에 따라 변화되는 가변적 원인이기 때문에 이용자가 처한 사회적 환경과 상황에 의하여 자기조절 자원고갈 수준이 달라진다. 이와 같이 기존 연구에서 주로 탐색 되어 온 인구통계학적 및 이용자 성향적 원인과 같은 내재적 변인들은 변화하는 멀티태스킹 이용 행태 차이를 규명하기 어렵다는 한계가 있다.[33] 따라서 인터넷과 스마트폰의 급격한 보급에 따라 이와 관련된 멀티태스킹 중독 원인도 증가하고 있다. 특히 인터넷과 스마트폰을 시작하는 연령층이 낮아지고 있다는 점을 감안할 때 그들에 대한 예방적 교육과 함께 멀티태스킹 원인에 대한 회복을 위한 실천 방안이 시급하다 하겠다.

---

33) 김류원·정세훈, op. cit., 163.

Ⅳ. 멀티태스킹 중독 예방과 회복을 위한 방안

멀티태스킹 중독의 원인을 종합하여, 본 논문에서는 행위 예측의 원인, 균형과 우선순위의 원인, 자기조절과 자기관리의 원인에 따른 멀티태스킹 중독 예방과 회복을 위한 목회적 방안을 제안하고자 한다.

1. 성경적 가치관 정립을 위한 방안

기독교에 대해 갖는 잘못된 개념은 기독교를 정신, 이성, 감정과 동일시 하는 것이다. 그러나 기독교는 자신이 아버지, 주인, 목자, 왕, 하나님의 자리에서 내려와 창조와 구원의 하나님께 온전히 양도하는 것이다. 주인이 바뀌면 성경적 가치관이 형성되어야 한다. 경제 중심 사고로 대박을 꿈꾸는 MZ세대들에게 교회는 성경적 가치관을 갖도록 해야 한다.[34] 그리스도인에게 경제 중심 사고가 아니라 신앙에 기초하여 바른 '해석과 준거의 틀'을 갖추는 것이다.[35] 예수 그리스도의 제자

---

34) 조성돈, "자살에 대한 사회학적 접근과 기독교회의 대응방안: 30·40대 남성의 자살을 중점으로," 「신학과 실천」 31(2012), 357.

35) 조성돈, 『목회사회학』 (서울: 토라, 2004) 47-72, 51.

는 하나님과 재물을 겸하여 섬길 수 없다. 그러나 한국 교회는 기복주의 신앙이 팽배해져 있다. 지나친 물질주의 영향으로 수입에 관심을 갖고 지출에는 상대적으로 관심을 갖지 않는 이들에게 내게 맡겨주신 물질을 어떻게 지출하고 있는지 점검하여 하나님 나라와 의를 위해 사용하도록 해야 한다. 예수 그리스도께서 내 죄를 대속하시고 부활하심을 믿고 자신의 왕좌를 예수 그리스도께 맡긴 자는 생명이 있는 동안 무엇을 하다가 어디로 가야 하는지 깨닫고 올바른 행동의 기초를 갖는 것이 중요하다.

성경적 가치관을 통해 존재의 가치와 삶의 중요성을 깨닫는 것은 중독을 예방할 뿐 아니라 회복할 수 있는 기본 전제가 되기 때문이다. 성경적 가치관 정립은 스스로 삶의 행동을 점검하고 유익하게 여겨지는 것을 받아들이는 변화를 가져올 수 있기 때문이다. 또한 그러한 변화를 위해 규칙적으로 다양한 신앙훈련에 참여할 할 수 있기 때문이다.[36] 바울은 성경적 가치관이 정립되어 이전에 추구하던 모든 것을 해로운 것으로 여기고 배설물로 여겼다. 그는 오직 그리스도를 아는 지식

------

36) 문병하, "목회사역의 활성화를 위한 셀프리더십 개발에 관한 연구,"「신학과실천」 32(2012), 17-9.

을 가장 고상하게 여겼기 때문이다(빌 3:7-8). 또한 그는 살아도 주를 위하여 죽어도 주를 위하여(롬 14:8), 살든지 죽든지 자신의 몸에서 그리스도가 존귀하게 되기를 원했다(빌 1:20). 성경적 가치관이 형성되면 바울과 같이 하나님의 부르심에 순종할 뿐 아니라 모든 것을 하나님의 은혜로 고백하고 자신의 과거는 물론 현재의 삶을 점검하고 미래의 계획을 구체화할 수 있기 때문이다. MZ세대는 자신에게 가치가 있다고 확신하면 몰입하기 때문에 성경적 가치관 정립은 가능한 빨리 정립될 수 있도록 교회는 목회적 차원에서 도와야 한다.

하나님은 교회 지도자들뿐 아니라 모든 그리스도인이 이 땅에 살아가야 할 확실한 사명을 주셨다. 그것은 하나님 백성으로 하나님 뜻을 알고 그를 기쁘시게 하는 삶을 살아야 하는 것이다. 하나님은 모든 그리스도인으로 하여금 그의 살아있는 말씀이 한 형제의 입술을 통해 다른 형제에게 증언되기를 원하신다. 교회의 지도자뿐 아니라 모든 구성원도 분명한 삶의 우선순위가 분명해야 한다. 그리스도인은 허락받은 시간 하나님을 찬송하며(시 43:21), 하나님 영광을 위하여(고전 10:31), 선한 일을 위하여 살아야 하기 때문이다(엡 2:10). 이것이 그리스도인이 지음 받은 목적이다. 그러므로 그리스도인은 하나님 나라에 합당한 목표를 세우고 그 목표를 이루기 위해 자기조절과 관리를 해야 하며, 집중해야 하기 때문이다. 하나님이 먼저 나를 구원하심은 하나님께 찬양을 드리며, 하나님 나라를 위한 삶을 살도록 함이다. 복음이 땅끝까지 전해지도록 모든 그리스도인에게 주어진 확고한 사명이다. 이를 위해 자신에게 주신 시간, 은사, 물질, 건강 등을 집중해야 한다. 구원받은 성도는 하나님께서 자신을 부르신 목적을 깨닫고 자신의 사명을 따라 살아가야 한다. 이는 그리스도인에게 가장 기본적이면서도 깊은 차원이라고 할 수 있다.

사도 바울이 에베소 교회 성도들에게 허물과 죄로 죽었던 상황에서 생명을 얻은 하나님의 은혜와 사랑을 경험하도록 부름 받은 것에 합당하게 살아가라(엡 4:1)고 간청한 것은 교회와 지도자 그리고 모든 구성원이 분명한 삶의 목적이 무엇인지를 깨닫게 하여 목회 사역이 활성화되기를 기대하였기 때문이다. 그러므로 어느 시대의 교회와 구성원으로 하여금 생명 얻은 기쁨과 감격으로 하나님의 부르신 목적대로 교회사역이 활성화되도록 셀프 리더십을 개발시켜야 할 것이다. 교회는 지속적으로 성경적 가치관 형성을 위한 교육을 실시하면 구성원들은 하나님께서 맡겨주신 시간, 물질, 재능과 은

사, 관계, 우선순위, 비전 등에 크게 영향을 끼치게 된
다. 이런 결과는 멀티태스킹 중독 예방과 회복에 첫걸
음이라 할 수 있다.

2. 명상 기도를 통한 방안

명상은 고독을 통해 자기 자신의 자아를 발견할 수
있는 기회라고 할 수 있다. 명상을 통해 자신의 내면 성
찰은 참된 자아를 발견하게 하기 때문이다. 다양한 중
독자들 가운데 자아 독립성이 약하여 통합되지 않을 뿐
아니라 자기조절과 관리가 되지 않아 원시적이고 강한
정서적 영향을 받는 사람들이 많다. 그들은 정체성 혼
돈, 감정조절의 손상, 비일관적인 내재화된 가치를 통
해 자신과 타인에 대한 비 성찰적이고 모순을 통합하지
못하게 된다.[37] 이것은 자신의 본래 모습을 감춘 나르
시시스트(narcissist)와 같아 자신에 대한 무가치함과 혐오
감 등을 무의식적으로 감추기 위해 자기애적 행동을 나
타낸다. 자신을 우월하게 여기거나, 스스로 잘난체하
며 자기가 원하는 바대로 성취해야 만족감을 느끼는 자

---

37) 존 F. 클라킨 외 2인/ 윤순임 외 역, 『경계선 인성장애의 정신분석 심
　리치료』 (서울: 학지사, 2016), 40-5.

기애성을 가진 사람은 평생토록 오직 자신을 이상화하고 과장된 자아의식을 인정받으려고 노력을 기울인다.

다만 명상 기도에서 주의할 것은 중독과 관련된 잡념이 떠오를 때는 그것과 싸우려 하거나 억지로 벗어나려고 하지 않도록 해야 한다. 반대로 자신의 중독을 사고로 생각하고 사라지게 해야 한다. 사고는 수습되고 나는 다시 새로운 삶을 추구하면 되기 때문이다. 그러므로 명상 기도를 통해 하나님께 더 집중할 수 있도록 해야 한다. 하나님께 집중하는 명상 기도는 잡념을 떨쳐버리고 하나님께 더 나아가고자 하는 마음을 성령께서 주시기 때문이다. 김옥진이 주장한 명상 기도 방법은 다음과 같다. [38]

첫째, 호흡을 통한 준비로 몸과 마음을 차분하게 한다. 마음은 몸 상태에 따라 영향을 받게 되어 약한 호흡을 통해 마음을 고요하게 만드는 것이 먼저이다. 호흡할 때는 몸을 편안하게 해야 하며, 가능하다면 뒤로 기대지 않고 똑바로 한 후 모든 의식을 자신의 호흡에 집중한다. 의식이 흐트러질 경우, 숫자를 세거나 호흡하며 자기의 몸에 집중하면 도움이 된다. 호흡에 집중하

---

38) 김옥진, "관계중심 명상기도가 중년 남성 성중독 성향에 미치는 영향에 대한 연구," 「신학과 실천」 62(2018), 226-27, 221-22.

는 것은 명상 기도 전반적인 측면에서 진행한다.

둘째, 하나님과 일대일 인격적 관계에 집중한다. 호흡을 통해 몸과 마음이 차분해진 상태에 이르면 오직 하나님을 생각하며 스스로 지금 기도를 통해 하나님과 일대일 만남을 가지고 있다는 느낌으로 하나님과 함께 편안히 머물러 있게 된다. 이 시간에 하나님에 대한 이미지는 특정한 이미지 활용을 통하여 인위적으로 만들 필요가 없다. 단지 자신의 믿음에 근거하여 하나님을 생각하면 된다. 이 단계에서는 어떤 기도 제목을 의도적으로 구하지 않으며, 또한 떠오르는 생각을 붙잡지 않는다. 관상적 영성 기도가 추구하는 것과 같이 기도자는 하나님과 하나가 되려고 의도적으로 시도하지 않으며 오직 하나님과 자신과 일대일 인격적 관계에 마음을 집중한다.

셋째, 하나님 앞에 머무르는 방안이다. 하나님과 인격적 일대일 관계를 지속적으로 편안하게 호흡하면서 하나님 아버지 앞에 오직 자녀의 마음으로 계속 머무른다. 마음이 깊어지면 자신에 대한 하나님의 사랑과 친밀함이 자신을 깊이 덮고 있음에 마음을 집중한다. 하나님이 나에게 하시는 말씀을 들으려고 의도적인 행위를 하지 않고 오직 성령께서 마음에 감동을 주실 때 믿음으로 받아들인다.

한국교회 그리스도인들은 주어 삼창과 통성 기도가 습관화 되어 있다. 또한 기도를 교제라는 생각보다는 자신의 필요를 구하는 간청으로 하는 경향이 많다고 할 수 있다. 중독 예방과 회복을 위해 다양한 기도가 필요하지만 명상 기도를 통해 자신을 성찰하고 하나님의 임재를 체험하는 과정을 통해 집중력을 증대시키는 것이 필요하다. 멀티태스킹 중독 예방과 회복이 목적인 명상 기도가 아니라 하나님과 일대일 관계 형성에 집중해야 한다. 하나님과 관계가 형성되면 하나님의 크신 사랑을 체험하게 된다. 즉 변치 않는 신실하신 하나님 사랑을 깨닫고 성령께서 주시는 감동을 믿음으로 받아들이게 된다.

이를 통해 하나님 존전에서 자신의 잘못된 삶을 발견하면 스스로 하나님께 도움을 요청한다. 성적과 외모, 물질 등을 목적으로 삼았던 삶에서 무가치함과 자신의 죄성을 깨닫고 진정으로 회개하면 하나님과 친밀함 단계에 이르게 된다. 그 결과는 단순히 멀티태스킹 중독에서 회복되는 것으로 끝나는 것이 아니라 자신의 정체성을 깨닫고 새로운 삶의 목표와 비전에 따른 삶을 살아가게 된다. 하나님과 친밀한 관계 속에서 삶의 목표와 비전이 발견되면 그 어떤 것과도 바꿀 수 없는 참된 기쁨을 누리는 삶을 살아가게 되기 때문에 중독을 예방하고 회복할 수 있는 것이다.

3. 커뮤니케이션 강화를 통한 방안

교회는 교회 내 다양한 지체들은 물론 세상과 소통을 시도해야 한다. 세상과 소통은 기독교 정체성과 선교적 관점에서 중요하기 때문이다. 소통은 상대의 언어에 귀 기울임에서 시작된다. 세상이 필요하여 교회에 요청하는 음성을 이제 교회가 목회적 관점에서 들어야 한다. 세상과 소통을 통해 교회는 교회 내외 멀티태스킹 중독자들에게 좋은 멘토가 되어주는 역할이 필요하다. 물론 교회 밖 멀티태스킹 중독자들과 교회가 유의미한 소통을 하기 쉽지 않은 것이 현실이다. 그러나 교회는 지혜롭게 세상과 다양한 방법으로 소통을 시도해야 한다.

코이노니아(κοινωνία)는 '공동', '참석', '협력', '동료 의식', '상호 교류', '교제', '분배', '교통', '자선'의 의미를 포함하고 있다. 김진호는 제자가 다른 제자들과 영적 목적을 갖고 효과적인 코이노니아를 위한 실제적 방안으로 '서로 고백하라', '서로 짐을 지라', '서로 용서하라', '

서로 죄를 책망하라', '서로 돌아보라', '서로 회복시키라', '서로 사랑하라', '서로 권하라', '서로 가르치라', '서로 덕을 세우라'고 하였다.[39] 이처럼 제자들 코이노니아는 개인적으로 단순히 친밀한 관계를 유지하는 것이 목적이 아니며, 영적 성장을 위해 예수 그리스도와 친밀한 관계를 유지하여 영적 아이가 성인으로 성장하도록 하는 데 그 목적이 있다. 교회 안에 다양한 모임을 통하여 여러 겹의 그물을 치고 교회 구성원들을 통해 빠져나가지 못하도록 하는 목적은 그 말 자체로 부끄러운 일이다. 코이노니아 통해 모든 지체가 장성하게 되면 다른 지체들의 연약함까지 감당해주고, 약점은 보완해주며 예수 그리스도 안에서 굳건히 세워지도록 돕는 것이며, 이를 통해 자신의 성장과 성숙을 이루게 된다. 교회는 공동체로서 지체인 그리스도인들은 한 몸이라는 인식을 분명히 가져야 한다. 즉 그리스도인들은 우주적 교회 인식이 분명해야 한다.

목회적 측면에서 교회는 멀티태스킹 중독에 빠진 자들에 대한 비판적 인식이 아니라 회복에 대한 희망을 줄 수 있어야 한다. 중독에 빠진 자가 다른 이들로부터 지지를 받게 되면 심리적 어려움을 극복하는 데 도움이

---

39) 김진호, 『예배와 삶』 (서울: 두란노, 1994), 22

될 수 있다. 계재광은 구원의 절대성을 보여주면서도 제자도의 모습을 상대에게 보여주기보다 신앙이 그리스도인의 삶과 대화의 중심이 되는 환경을 만드는 것이라 했다. 즉 많은 사람을 상대하기보다 자기가 속한 공동체 내에서 믿음과 신뢰가 거짓과 불신을 이길 수 있다는 것을 보여주는 것이며, 이러한 교제 공동체가 되기 위해서는 공감 어린 마음으로 상대방 의견을 들어주고 자신의 이야기를 나눌 수 있다는 신뢰가 기반이 되어야 한다고 했다. 공감적 경청은 공동체에서 가장 바람직한 신뢰를 만들어 낼 수 있다. 자신의 연약함까지 나누는 대화가 이어진다면 영적 연합이 시작되고 구성원들이 성장하게 된다. 이러한 공동체는 자신의 성장은 물론 다른 지체들의 성장에 관심을 갖게 된다.[40] 그럼에도 현대 그리스도인들은 공동체 인식이 부족한 것으로 여겨진다. 사회에서 경험한 개인주의 팽배로 교회 내에서도 익명성을 보장받고 싶어 교인으로 등록하지 않고 오직 주일에 예배 시간에 참여하는 것으로 신앙생활을 하고 있다. 이런 결과는 다양한 사이버중독에 더 취약할 가능성이 높다. 또한 이런 사고가 지속된다면 교

---

40) 계재광, "현대문화속에서 영적성숙을 위한 리더십," 「신학과 실천」 4(2014), 815.

회 공동체는 본질에서 벗어날 위험이 있으며, 공동체가 분열되거나, 외부로부터 공격에 취약하거나, 지체들이 제 기능을 발휘하지 못하는 등 심각한 결과를 초래하게 된다. 그러므로 제자들은 자신은 물론 다른 지체들이 건강하게 성장하여 제 기능을 발휘할 수 있도록 기도하며 다른 그리스도인들과 코이노니아에 적극적으로 참여해야 한다.

특히 한국교회는 수직적 코이노니아에 더 집중되었던 것으로 여겨진다. 이제 한국교회는 어린이부터 청소년들에게 예수 그리스도의 희생적 사랑에 근거하여 서로 필요를 공급해주고(롬 12:13, 고전 10:24), 서로 위해 기도하며(갈 6:2, 살전 5:12-13) 섬기는 삶을 실천하도록 해야 한다. 교회는 단순히 동호회 모임이 아니라 서로를 세우는 섬김이 지속될 수 있도록 다양한 장을 마련해 주고, 어린이 시절부터 노년에 이르기까지 코이노니아를 지속적으로 참여할 수 있도록 해야 한다. 또한 교회 구성원들이 지역사회 주민들과 관계를 형성할 수 있도록 해야 한다. 기독교인이 아닌 지역사회 주민들이 신앙과 관계없이 함께 활동할 수 있는 프로그램을 진행하는 것이다. 이때 지역사회 주민들이 시작 단계에서부터 적극적으로 의견을 제시하여 공동으로 모든 프로그램을 진행한다는 인식을 갖게 하는 것이 중요하다. 이런 프로그램은 일회성보다는 지속적으로 실시할 수 있도록 해야 한다.

4. 성결성 회복을 통한 방안

하나님은 출애굽한 이스라엘 백성들에게 "..너희는 거룩하라 이는 나 여호와 너희 하나님이 거룩함이니라"(레 19:2)라고 하셨다. 예수 그리스도께서도 "..하늘에 계신 너희 아버지의 온전하심과 같이 너희도 온전하라"(마 5:48)고 하셨다. 바울은 디모데전후서에서 경건이라는 용어를 13회 사용하며 성결한 삶을 권면했다(딤전 1:9; 2:2; 3:16; 4:7; 8, 6:3; 5, 6, 11; 딤후 2:16; 3:5; 12). 베드로는 "..거룩한 행실과 경건함으로 하나님의 날이 임하기를 바라보고 간절히 사모하라… 주 앞에서 점도 없고 흠도 없이 평강 가운데서 나타나기를 힘쓰라"(벧후 3:11-14)고 권면하였다. 현대 그리스도인들은 경건의 능력을 부인하며 영적 무기력에 빠진 상태라고 여겨진다. 영적 무기력에 빠지면 성결과 반대되는 세속화되어 오락에 심취하고, 음행, 더러운 것, 호색, 우상 숭배, 주술, 원수 맺는 것, 분쟁과 시기와 분냄과 당 짓는 것, 분열함과 이

단과 투기와 술 취함과 방탕함과 그와 같은 것들에 중독되게 된다.

한국교회는 목회자부터 평신도에 이르기까지 성결한 삶을 추구해야 한다. 이를 위해 목회적 차원에서 교회와 가정, 삶의 현장에서 성결한 삶을 추구하도록 지속적인 교육과 실천의 장이 마련되어야 한다. 성결성 회복을 위한 방안으로 다음과 같다. 첫째, 주재권이 분명해야 한다. 중생은 성결의 시작이기 때문이다. 자신의 생명, 재정, 시간, 재능, 은사, 자녀 등에 대한 주재권이 분명할 때 성결한 삶을 추구할 수 있기 때문이다. 둘째, 자족하는 삶을 추구해야 한다. 모든 사람은 세상에 가지고 온 것이 없다. 또한 아무것도 가지고 가지 못한다. 그러므로 먹을 것과 입을 것이 있다면 족한 줄로 알아야 한다. 돈을 사랑하지 않고 자족하면 침체에 빠지지 않고 성결한 삶을 살아갈 수 있다. 셋째, 육체의 소욕을 제거해야 한다. 거듭난 그리스도인도 육체 가운데 거하는 동안 정욕과 탐심과 세상에 대한 탐욕이 있을 수 있다. 그러므로 적극적으로 이를 제거해야 한다. 넷째, 성결성 회복을 위한 규칙적 모임이 필요하다. 교회에 다양한 모임이 있으나 성결성 회복을 위한 모임은 극히 소수에 불과한 것으로 여겨진다.

5. 지역사회와 연대를 통한 방안

지역교회는 지역사회에 필요를 인식하고 제공해야 할 사명이 있다. 정재영은 지역 커뮤니티가 활성화되어 있는 외국과 달리 지역사회에 대한 관심이 부족한 한국 사회의 현실에서 지역 교회가 내부 자원을 활용하여 지원 조직의 역할을 하거나 지원을 하는 것은 지역사회 활성화에 큰 도움이 될 것이라고 주장했다.[41] 또한 교회는 지역사회의 구성원 가운데 하나라는 관점에서 지역의 다른 단체와 동등한 자격으로 연합 활동을 해야 한다고 주장했다.[42] 이현웅도 한국교회 위기 상황을 극복하는 방안으로 한국교회를 향한 하나님과 세상으로부터 들어오는 요구에 진지한 응답을 해야 한다고 주장했다. 그 방안으로 목회 패러다임 변화를 위해 첫째, 모이는 교회에서 흩어지는 교회로, 둘째, 선한 사마리아인으로서의 교회로 지역사회에 대한 봉사, 셋째, 세상의 빛과 소금으로서 교회로 사회적 책임과 참여를 주장했다. 특히 지역사회 섬기는 삶을 위한 미래 목회 실천

---

41) 정재영, "교회가 참여하는 지역 공동체 운동으로서의 커뮤니티 비즈니스," 「신학과 실천」 34(2013), 520.

42) 정재영, "지역공동체 세우기를 통한 교회의 시민사회 참여," 「신학과 실천」 22(2010), 113-14.

방안으로는 다음과 같다. 첫째, 목회관의 전환이다. 둘째, 사역 동기의 순수성 회복이다. 셋째, 한국교회는 지금까지 자신들이 해왔던 사역 전반에 대한 반성과 함께 지역사회에 대한 관심과 연구를 새롭게 해야 한다. 넷째, 지역사회가 필요로 하는 구체적인 사역의 실천이다. 다섯째, 교회는 지역사회와 사회적 관계망(social network)을 형성하면서 지속적인 관계를 유지할 수 있어야 한다고 주장했다. [43)]

지역교회는 주민들의 필요를 찾아 구체적인 사역을 실천해야 한다. 지역교회는 먼저 그 지역사회에 위치한 교회들과 사회적 관계망을 형성해야 한다. 다양한 교단의 지역교회 목회자들이 협력하면 지역사회 변화에 신속하게 대처하게 된다. 또한 지역사회와 사회적 관계망을 형성하면 교회와 세상의 경계가 허물어져 지역사회의 필요를 쉽게 찾아낼 수 있다. 이처럼 교회가 교회 밖과 사회적 관계망을 형성하여 멀티태스킹 중독 예방과 회복을 위한 노력을 해야 한다. 지역사회에 위치한 중독 상담소, 정신과 전문의, 청소년 단체, 사회복지 기관 등과 MOU를 체결하여 교회가 감당할 수 있는 인적

---

43) 이현웅, "전환기에 선 한국교회 목회 패러다임의 변화: 지역사회 섬김을 위한 미래 목회 실천 방안," 「신학과 실천」 31(2012), 115-21.

물적 자원을 지원하는 방안은 적은 예산으로 지역사회에 희망을 주는 교회, 지역사회 미래를 선도하는 교회가 될 수 있기 때문이다. 또한 지역교회는 교회 내외의 전문가를 초청하여 멀티태스킹 중독 예방과 회복에 대한 세미나 등 다양한 섬김을 실천해야 한다. 세미나 등에는 교회 구성원 참여는 물론 지역사회 주민들에게 홍보하여 함께 고민하는 시간을 갖는 것이다.

V. 나가는 말

교회는 성경에서 인간의 고통을 해산을 앞둔 여인의 고통으로 비유한 것을 기억해야 한다. 이사야 선지자는 울부짖는 이스라엘 민족의 고통을 '해산을 앞둔 여인'으로(사 26:17), 바울은 갈라디아 교회 성도들이 영적으로 성숙하도록 자신이 '해산의 수고'를 하겠다고(갈 4:19), 사도 요한은 예수님 재림 전에 있을 환난의 때에 '해산하게' 되매 아파서 애를 쓰며 부르짖는(계 12:2)다고 표현했다. 그러므로 교회는 다양한 중독으로 어려움을 겪고 있는 이들을 위해 해산의 수고를 아끼지 않아야 한다. 본 연구를 통해 멀티태스킹 중독에 대한 목회적 접근이 시급함을 깨달았다. 멀티태스킹 중독이 그리스도인들의 예배와 삶의 현장에 더 확산되기 전에 한국교회는 예방과 회복을 위해 실천 신학적 입장에서 적극적으로 참여해야 한다.

다만 멀티태스킹 중독 예방과 회복에 따른 대책은 개교회가 감당하기 어렵기 때문에 교단 혹은 초교파적인 연합 활동을 통한 방안을 제안한다. 또한 기독교 상담학자들이 멀티태스킹 중독 예방과 회복에 대한 발표 및 제안을 통해 한국교회가 사명감을 회복할 수 있도록 기여 해 주기를 제안한다. 한국교회는 지역사회와 함께하는 교회가 되어야 한다. 지역사회와 함께하는 목회, 지역사회의 필요를 채우는 목회, 지역사회를 위한 목회가 되도록 다양한 멀티태스팅 중독 예방과 회복을 위해 적극적으로 참여하는 기회가 되기를 소망해 본다.

참고문헌

강미선. "미디어 멀티태스킹과 세분화된 동기유형 연구." 「광고PR
실학연구」 7(2014), 7-29.

강희양·손정락. "인터넷 및 게임 중독 관련 변인에 대한 메타분
석." 「한국심리학회지 건강」 12(2007), 745-59.

계재광. "현대문화속에서 영적성숙을 위한 리더십." 「신학과 실천」
4(2014), 799-24.

김류원·정세훈. "자아 조절 자원과 메시지 난이도가 확증적 정보
처리에 미치는 영향." 「홍보연구」 22(2018), 1-26.

김류원·정세훈. "자아 조절 자원이 미디어 멀티태스킹 이용행태에
미치는 영향." 「한국언론학보」 64(2020), 153-92.

김옥진. "관계중심 명상기도가 중년 남성 성중독 성향에 미치는 영
향에 대한 연구." 「신학과 실천」 62 (2018), 211-37.

김진호. 『예배와 삶』. 서울: 두란노, 1994.

마이어, 폴 D. 외 3인/ 전요섭 외 공역. 『기독교 상담심리학 개론』.
서울: CLC, 2006.

문병하. "목회사역의 활성화를 위한 셀프리더십 개발에 관한 연
구." 「신학과실천」 32(2012), 7-28.

배진한. "스마트폰 애플리케이션 멀티태스킹 이용행태에 관한 연
구." 「사회과학연구」 22(2015), 233-58.

변혜선 외 2인. "스마트폰 사용자의 멀티태스킹 행동이 스마트폰

중독에 미치는 영향에 관한 연구." 「정보화정책」 21(2014),
　　59-80.

아시아경제. "21세기의 '목화씨'를 들여온 KT." 2017.6. 접속
　　2023.10.26. https://www.asiae.co.kr. (인터넷)

양미경·오원옥. "인터넷게임 중독 예방 교육 프로그램이 초등학생
　　의 자기 통제성과 인터넷 게임 사용 시간에 미치는 효과."
　　「Child Health Nursing Research」 13(2007), 282-90.

이현웅. "전환기에 선 한국교회 목회 패러다임의 변화: 지역사회 섬
　　김을 위한 미래 목회 실천 방안." 「신학과 실천」 31(2012),
　　99-126.

정세훈 외 4인. "국내 미디어 멀티태스킹 연구 현황." 「한국광고홍
　　보학보」 19(2017), 102-35.

정재영. "교회가 참여하는 지역 공동체 운동으로서의 커뮤니티 비
　　즈니스." 「신학과 실천」 34(2013), 519-44.

정재영. "지역공동체 세우기를 통한 교회의 시민사회 참여." 「신학
　　과 실천」 22(2010), 107-36.

조성돈. 『목회사회학』. 서울: 토라, 2004.

조성돈. "자살에 대한 사회학적 접근과 기독교회의 대응방안:
　　30·40대 남성의 자살을 중점으로." 「신학과 실천」 31(2012),
　　343-62.

최은진 외 2인. "가상현실 콘텐츠를 활용한 신경증과 우울이 멀티
　　태스킹 성향에 미치는 영향 연구." 「디지털콘텐츠학회논문

지」 24(2023), 893.

클라크, 존 F. 외 2인/ 윤순임 외 역. 『인성장애의 정신분석 심리치
      료』. 서울: 학지사, 2016.

황경혜 외 2인. "대학생의 스마트폰 중독사용 정도에 따른 상지
      통증, 불안, 우울, 및 대인관계." 「한국콘텐츠학회논문지」
      12(2012), 365-75.

Baumeister, R. F. & Vohs, K. D. "Self-Regulation, Ego Depletion,
      and Motivation." *Social and Personality Psychology
      Compass.* 1(2007), 115-32.

Bluedorn, A. C. Kalliath, T. J. Strube, M. J. & Martin, G. D.
      "Polychronicity and the Inventory of Polychronic Values
      (IPV): The Development of an Instrument to Measure
      a Fundamental Dimension of Organizational Culture."
      Journal of Managerial Psychology. 14(1999), 205-31.

Ellis, Albert. *Overcoming Destructive Beliefs, Feelings and
      Behaviors.* New York: Prometheus, 2001.

Jeong, S. H. & Fishbein, M. "Predictors of Multitasking with
      Media: Media Factors and Audience Factors." *Media
      Psychology.* 10(2007), 364-84.

Lim, S. and Shim, H. "Who Multitasks on Smartphones?
      Smartphone Multitaskers'Motivations and Personality
      Traits." *Cyberpsychology, Behavior, and Social*

Networking, 19(2015), 223-27.

Muraven, Mark R. Tice, Diane M. & Baumeister, Roy F. "Self-Control as limited Resource: Regulatory Depletion Patterns." *Journal of Personality and Social Psychology.* 74(1998), 774-89.

Ophir, E. Nass, C. Wagner, A. D. "Cognitive Control in Media Multitaskers." *Proceedings of the National Academy of Sciences.* 106(2009), 15583-5587.

Young, K. S. "Internet addiction: The Eemergence of a New Clinical Disorder." *Cyber Psychology & Behavior.* 1(1998), 237-44.

Wallis, C. *The Impacts of Media Multitasking on Children's Learning and Development: Report from a Research Seminar.* New York: The Joan Ganz Cooney Centrer and Standard University, 2010.

White, John. *The Masks of Melancholy.* Downers Grove, IL.: IVP, 1982.

Wojczynski, M. K. and Tiwari, H. K. "Definition of Phenotype." *Advances in Genetics.* 60(2008), 75-105.

중독 탈출

초판 1쇄 발행 2025년 4월 10일

지은이 이수환 민장배
펴낸이 민상기
편집장 이숙희
편집자 민경훈

펴낸곳 도서출판 드림북
인쇄소 예림인쇄 **제책** 예림바운딩
총판 하늘유통

·**등록번호** 제 65 호 **등록일자** 2002. 11. 25.
·경기도 양주시 광적면 부흥로 847 경기벤처센터 220호
·Tel (031)829-7722, Fax(031)829-7723